JN036950

# リセットの習慣

小林弘幸

日経ビジネス人文庫

## はじめに◎なぜ今リセットが必須なのか

「リセット」という言葉には希望が見える。

本書の執筆にあたり、私はいつもこのことを意識してきました。

私たちは日々生活する中で、常に「調子がいい」「体調がいい」「気持ちが晴れやか」というわけにはいきません。

日常にはストレス要因があふれていますし、体調を崩す機会もたくさんあります。

対人関係に悩まされる瞬間を数え上げればキリがありませんし、残業が続いて心身ともに疲れてしまうこともあるでしょう。自分自身や家族、友人などに心配事があり、眠れない日もあるはずです。

そうやって私たちは心身の調子を狂わされてしまいます。

そもそも**人の体は「流れに乗る」のは得意ですが、「流れを変える」のはあまり得**

**意ではありません。**自律神経はまさにその代表格で、何かイヤな出来事があるとその瞬間から「悪い流れ」が始まり、そして続いてしまいます。

自律神経が乱れ、悪い流れが始まるとどういうことが起こるのか。その「流れ」を追いかけてみましょう。

まず呼吸が浅くなり、血流が悪くなります。

すると、酸素や栄養が十分に脳やその他の器官に運ばれなくなり、冷静な判断ができなくなったり、感情のコントロールが利かなくなったりします。

そうなると、余計なことをいってしまうリスクも高まり、人間関係をさらに悪化させ、「ああ、余計なことをいってしまった」と落ち込み、自律神経をいっそう乱してしまうのです。

あるいは「なんとなく体の調子が優れない」と思いながら仕事をすることになるので、集中力が落ち、パフォーマンスは下がります。仕事の質が下がったり、思うようにはかどらなかったりすると、イライラしたり、時間がなくなって焦ってきたりもするので、さらに自律神経は乱れていきます。

**まさに「悪い流れ」にどんどん乗ってしまっている状態**です。

そんな状態が続いていると、当然体にも影響が出てきます。頭痛がしたり、首や腰など体のあちこちが痛くなったり、慢性的なダルさを感じるケースも多いでしょう。

## 人の体は「流れに乗る」のは得意だが「流れを変える」のは苦手

そんなとき多くの人は「ああ、疲れているんだな」「ゆっくり休もう」と思うのですが、意外にすんなりと休むことができません。

体はダルさを感じていても、自律神経が乱れていると、十分に副交感神経が上がってこないためリラックスして休むことができないのです。

そうやって睡眠の質が悪くなり、翌日も「悪い流れ」を引きずってしまう。

こうして見ていくとわかる通り、人の体は「流れに乗る」のは本当に得意ですが、「流れを変える」のはとても苦手。日常のちょっとした出来事により、私たちの体は簡単に「悪い流れ」に引きずり込まれてしまうのです。

そんな私たちを救ってくれるのが「リセット」です。

**心と体をよい状態に保つ上で、もっとも大事な意識が「リセット」**だといっても過言ではありません。

リセットの基本的な考え方は「悪い流れを断ち切り、いい流れに変える」こと。

イヤなことが起こったり、ストレスのかかる瞬間に出会うことは原則として避けられません。大事なのは、その悪い流れに引きずり込まれないように流れを断ち切り、いい流れに変えることです。

リセットの意識を持ち、リセットするためのノウハウを知っていれば、心身の状態をいい流れへと変えることができます。

本書ではそんな「リセットの考え方やノウハウ」をたっぷりと99個に分けてお伝えします。

## 体には「悪い流れ」が残っている

私たちは2020年以降、新型コロナウイルス禍の中での生活を続けてきました。新型コロナウイルスの感染拡大によって生活様式の大きな変化を余儀なくされた人も多いはずです。

現在は、そうした新しい生活様式にも慣れ、「以前のような日常が戻ってきた」と感じている人もいるでしょう。たしかに、感染者数が激増し、緊急事態宣言が頻繁に発出されていた頃に比べれば普通の生活が戻ってきたといえます。

しかし、私たちの心や体が以前のような「いい流れ」に戻っているかといえば、決してそうではありません。

私は医師として日々多くの患者さんと向き合っていますが、やはり2年半以上続いたコロナ禍の「悪い流れ」がじわじわと続いているように感じます。

自律神経の乱れによって生活習慣病が悪化している人は大勢いますし、**原因はよく**

**わからないけれど、なんとなく体に力が入らない、眠れない、朝の目覚めがよくない**などの症状を訴える人も少なくありません。

メンタル不調を訴え、うつ病など精神のつらさを感じている人も以前に比べて増えています。「コロナ×こどもアンケート」（国立成育医療研究センター）によると、中等度以上のうつ症状があるこどもの割合は、高校生で30％、中学生は24％、小学4〜6年生で15％にのぼるとされています。

感染者数や人流だけでなく、さまざまなところにコロナの影響は出ていますし、見えないところで続いています。

状況が落ち着いて、一見すると以前の日常が戻ってきているようにも感じますが、私たちの体はそんなに簡単に「流れを戻すこと」ができていません。

先に述べたように、人の体は「流れに乗る」のは得意ですが、「流れを変えること」がとにかく苦手だからです。2年半以上続いた「悪い流れ」を私たちはあまり意識しないまま、じんわりと引きずってしまっているのです。

ここでも私たちには「リセット」が必要です。

2年という月日は、私たちの意識や考え方、生活習慣や体の状態を変えてしまうのに十分な時間です。

## 「戻す」ではなく「新たに始める」

といって、私は「完全に以前の生活を取り戻そう」といいたいのではありません。むしろ、今の環境や生活様式を踏まえつつ、新しい「自分なりの生活」や「生き方」をつくっていく。そんな意識が必要だと考えています。

そこで大事なのが「ちょっと強めにリセットする意識」です。

たとえば、本書では「新しい趣味や生活習慣を取り入れること」や「大胆な模様替えをすること」などもおすすめしています。

今という時期は「なんとなく続けていること」から「思い切って変えてみる」「今までやらなかったことをやってみる」という強めのリセットが必要なのです。

**今、私たちが意識すべきは「戻す」ではなく「新たに始める」。**
**「なんとなく変える」ではなく「思い切ってリセットする」です。**

これまで体調や心の状態があまり優れなかったとしても、何も心配はいりません。

リセットの意識を持てば、まさに今から新しい生活を始めることができます。

## 人生をリセットする！

そしてもうひとつ、本書で伝えたい大事なテーマがあります。

それが「人生のリセット」です。

近年は「人生100年時代」といわれ、言葉通り、私たちの寿命が伸びていることは間違いありません。

しかし、平均寿命と健康寿命という言葉を聞いたことがあるでしょうか。

平均寿命とは、いわゆる寿命のことで何歳まで生きたかを平均したものです。

一方、健康寿命とは、健康上の問題で制限されることなく生活できている年齢を指します。端的にいえば、「元気に暮らせている年齢」。

3年ごとに厚生労働省の発表しているデータによれば、令和元年の日本人の平均寿命は「男性81・41歳」「女性87・45歳」。しかし、これが健康寿命になると「男性72・68歳」「女性75・38歳」。**平均寿命と健康寿命には約「9～12歳」ほどの差がある**のです。

この差を完全になくすことはむずかしいとしても、できるだけ縮めていくことは重要です。そのために私たちがもっとも意識するべきことは何か。

これもまた「リセット」だと私は考えます。「自分の人生を今からリセットする」という前向きな意識です。


私は本書で**「ゴールではなく、スタートを目指して生きる」**というメッセージを何度となく伝えていきます。

たとえば、あと一年で定年を迎えるとしたら、あなたはどんな気持ちになるでしょうか。きっと「ああ、あと一年で終わる」と思うのではないでしょうか。

たしかに、会社員人生はそこで終わりかもしれません。しかし、それは終わりではなく、新たなスタートの瞬間でもあります。

**あと一年で終わるなら、そこから何を始めるか。**

**そのために、今からどんな準備をするのか。**まさに今がリセットの瞬間です。

これは何も定年間際の人に限った話ではありません。50代であれ、40代であれ、もっと若い人やもっと年齢を重ねた人にとっても、常に「今がリセットの瞬間」です。


今から、あなたは何を始めますか。


私は本書でそのことを問いかけていきたいとも思っています。

今、どんな境遇にいる人も、間違いなく今が一番若い。もし「何かを始めるタイミング」があるとしたら、今以上に適した瞬間はありません。

そして、今、何かを始めたら、あなたの人生は変わり始めます。

あなたが望む方向に小さな一歩を踏み出せば、まさに今がリセットの瞬間となり、望む未来に近づいていきます。

どうですか。ワクワクしてきませんか。

私は現在62歳ですが、これから30年にわたる自分のビジョンを描いてワクワクしています。これまでの経験があるからこそ、これから向き合えるテーマやジャンルが見えてきて本当に楽しみでなりません。

私自身、人生のリセットのタイミングを迎えていますし、それはあなたも同じです。

未来に向かってワクワクして生きることは、自律神経を整えることにもつながりますし、健康な心と体をつくることにもつながります。

自分の未来に希望を持っているからこそ元気でいられますし、逆に「元気でいよう」と日々のコンディショニングへの意識も高まります。

**「リセット」は、今から「ワクワクする人生」を開始する合言葉**でもあります。だからこそ、私は「リセット」という言葉に希望を見ているのです。

2022年7月

小林弘幸

リセットの習慣　目次

## 第2章 減らす、片づける、軽くなる

第3章

# 決める、軸を持つ、ブレをなくす

## 第4章 「自分との向き合い方」をリセットする

## 第5章

# 「仕事との向き合い方」をリセットする

## 第6章

# 「人との向き合い方」をリセットする

第7章

## ストレスが消える「日々のリセット術」

## 第8章 疲れが消える「体のリセット術」

編集協力――イイダテツヤ
校正――内田翔

## 本文を読む前に——自律神経について

最近は自律神経について多くの人が詳しく知るようになってきました。

自律神経には「交感神経」と「副交感神経」があり、それぞれの役割についても理解している人は多いでしょう。

とはいえ、本文では自律神経、交感神経、副交感神経の詳細な説明をしていないので、最初に簡単な解説をしておきます。

そもそも人間の体には「手・足・口」など自分で動かせる部分と、「血管、内臓」など自分では動かせない部分があります。

後者の「自分では動かせない部分」の働きを司っているのが自律神経。その名の通り「自律的」(自動的)に体の中で働いています。

## 図 自律神経の日内変動

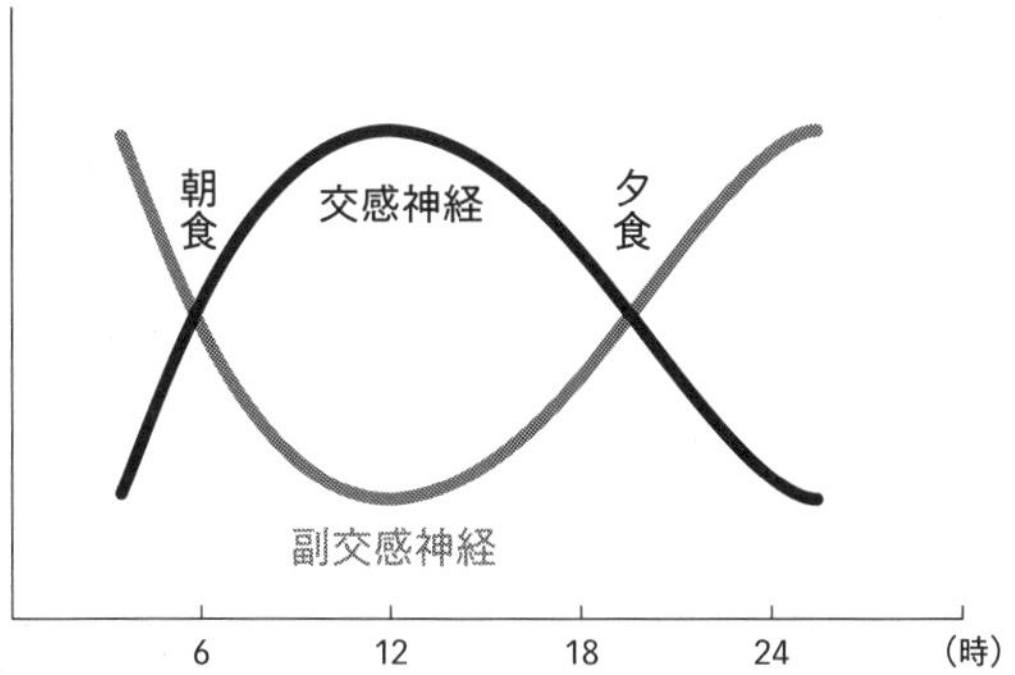


その自律神経の中に「交感神経」と「副交感神経」の2つがあります。

交感神経は車のアクセルのようなもので、体を活動的にする働きがあり、運動をしたり、緊張したりするときに交感神経が高まるようにできています。

一方の副交感神経はブレーキの役割を担っていて、リラックスしているときに優位になります。

図のように、交感神経、副交感神経には日内変動があって、朝、体が「活動モード」に入っていくときは交感神経が優位となり、夜「休息モード」に入っていくときは副交感神経が優位となります。

こうした日内変動を上手に利用するのも自律神経を整えるコツです。

たとえば、朝起きたら太陽光を浴びる。太陽光を浴びることで体は朝であることを認識して「活動モード」のスイッチを入れます。そして、朝食をしっかりとる。こうしたことで交感神経が十分に高まってきます。

朝、起きたときに「なんとなく体に力が入らない」「会社へ着いても、なかなか仕事モードになれない」などのときは交感神経が十分に高まっていない可能性があります。

一方、夜の「休息モード」に入るときには、交感神経が上がるような過度な運動、テレビやスマートフォン（スマホ）を夜遅くまで見るなどの行為を控えることも大切です。

ゆったりと入浴する、穏やかな気持ちで一日を振り返るなど「休息モード」を意識することで自律神経は自然に整っていきます。

## コンディショニングには「よい血流」が不可欠

日々のコンディショニングにおいて血流は非常に大切です。

血流が悪ければ、体中に十分な栄養や酸素が運ばれなくなってしまいます。すると膝や腰、首などが痛くなる原因にもなりますし、脳に栄養が運ばれなければ、集中して考えたり、感情をコントロールしたりすることがむずかしくなります。

じつは「血流」は思考や集中力、感情などにも大きく関係しているのです。


この血流を司っているのも自律神経。

交感神経が過剰に高まると、血管が収縮し、血流が悪くなります。

反対に、副交感神経が高まってくると、血管が弛緩し、体の隅々の毛細血管までしっかりと栄養や酸素が届くようになっています。

緊張しているとき、頭がぼんやりして集中できなくなってきたり、手の指先が冷たくなってきたりすることがあるでしょう。これは緊張によって交感神経が跳ね上がっている結果、血管が収縮し、血流が悪くなっている証拠です。

そんなときは大きく、ゆっくりと深呼吸をすると、交感神経が落ち着いて、副交感神経が高まってくるので、血流がよくなり、体の状態が整ってきます。

こうした自律神経の働きを理解しておくと、日々のコンディショニングに大いに役立ちます。

## とにかく「体の状態」にアプローチする

私は自律神経の専門家なので、気持ちの問題を気持ちで解決しようとせず「まず、体の状態を整えること」を考えます。

たとえば、落ち込んでいる人がいるとき「元気を出そうよ」といくらいっても、医学的に見れば、元気になることはありません。

落ち込んでふさぎ込んでいるときは、交感神経はダウンしていますし、副交感神経も一緒にダウンしている可能性が高いでしょう。

そんなときは少しテンポ感のある音楽を聞くとか、立ち上がって歩いてみる、外に出て太陽光を浴びるなど自律神経が整うようなアプローチが効果的です。

メンタルであれ、フィジカルであれ、調子が優れないときはとにかく「体の状態」をよくするためのアプローチをする。それが私の基本的な考えです。

イライラしたり、モヤモヤしたりしているときも、どうやって気持ちを立て直すかではなく、「どうすると気持ちがリセットしやすい体の状態になるか」を知っておくとコンディション管理は圧倒的にしやすくなります。

気持ちではなく「体の状態」を整えろ、です。

## コンディショニングはすべて睡眠から始まる

自律神経を整えるための基本は何といっても睡眠です。

質のいい睡眠ができていると、睡眠中に副交感神経が十分に高まり、朝起きたときから、上手に、徐々に交感神経優位に切り替わり、いいバランスで一日を始めることができます。

しかし、アルコールを飲みすぎたり、夜遅くまでテレビやスマホを観ていたりすると、交感神経が高いまま寝る時間を迎え、副交感神経がしっかりと高まってきません。

いってみれば「活動モードが続いたまま眠っている」ようなもの。非常にちぐはぐな状態になっています。

そうした質の悪い睡眠を続けていると、朝を迎えても、なんとなくぐったりしてしまいます。副交感神経が極端に低く、交感神経も上手に上がってこないため、自律神経が乱れた状態で一日を始めることになります。

そうした状態で朝を迎えると、悪くても半日、実際には一日中「悪い流れ」のまま過ごすことになります。

そのくらい睡眠は大事なのです。

睡眠は一日の状態を決める。ひいては、あなたの人生のコンディションを決めるものです。


さて、そんな基礎知識を踏まえて、ぜひ本文を読み進めてください。

コロナ禍を経験した私たちが今するべきことは何か。

そんなテーマからスタートして、「軸を持つ大切さ」「自分や人との向き合い方」「日々の生活で取り入れたいヒント」など99個の「リセット術」をご紹介していきます。一つひとつは簡単で、すぐにでも取り入れられるものばかりです。

ぜひ、あなたも上手にリセットして、あなたをむしばむ「悪い流れ」を断ち切り、「いい流れ」を生み出してください。

第1章

# アフターコロナの処方箋

Reset 1

# これからの時期に意識したい「2つのポイント」

第1章では「アフターコロナの処方箋」と題して、特に今からの時期に意識したいリセットのポイントや方法をご紹介します。

私たちは長くコロナ禍を過ごしてきましたが、いわゆる「アフターコロナ」「ウィズコロナ」のライフスタイルにも慣れてきたところだと思います。

ただし、ここで忘れてほしくないのは2020年以降コロナ禍の中での生活をしてきたことで、なんとなく体の調子が上がらなかったり、以前に比べて動きが億劫になってきたりしている部分があるということ。

**病気ではないけれど、ものすごく調子がいいわけではない。**

**落ち込んでいるわけではないけれど、以前ほど活動的になれない。**

そんな感覚を覚えている人は多く、私のクリニックを訪れる人の中にも大勢います。人の心や体は「流れに乗る」のは得意です。しかし「流れを変える」のは大の苦手。コロナ禍から2年半以上ジリジリ続いてきた停滞モードは、知らず知らずのうちに私たちの心や体にはびこっています。

こんなときに必要なのが「大胆かつ意識的なリセット」です。

ここでは**「新しい習慣を取り入れる」「とにかく『動くほう』を選択する」を2大テーマに、さまざまな考え方やノウハウをお伝えします。**

たとえば「木曜日を『リセットデー』にする」「大胆な模様替えをする」など自分の生活に新しいアクセントを入れるための方法。流れを継続するのではなく、意識的に流れを変えるためのアプローチ。あるいは「『先延ばしマインド』をやめる」「気になったときは『行動するほう』を選ぶ」など、とにかく「動くこと」に主眼を置いた考え方をふんだんにお伝えしていきます。

今、私たちは「なんとなく動かないこと」に慣れてしまっています。ここからは少し強めに「動いていくこと」を意識してみましょう。

Reset 2

# 「新しい朝の習慣」をひとつだけプラスする

コロナ禍の中で生活習慣が多少なりとも変化した人は多いと思います。

以前はほとんどなかったリモートワークが増えた人もいるでしょうし、飲み会や食事会が減少し、オンラインコミュニケーションの時間が増えた。そんな人も多いでしょう。

もっと些細なことでいうと、たとえばカフェで友だちとお茶を飲みながらおしゃべりしている場面。こんな当たり前の風景でも「コロナ禍前」と「コロナ禍後」では微妙な変化が生じています。イメージでいうなら、以前は水色のような明るいトーンだったのが、コロナ禍を経て、少し暗い紺色の風景になっているような感覚です。

同じ行為や同じ場面でも、**私たちをとりまくトーンは少し暗く、くすんだ感じに**

なっているのです。

こうした**「知らず知らずのうちに起こっている変化」によっても自律神経は乱れていきます。**疲れが抜けない、ダラダラ過ごす時間が増えた、睡眠の質が落ちているなどちょっとした不調が続いている人も多いはずです。血流が悪くなることで、肩や腰が痛くなったり、頭痛を覚える人の話もたくさん耳にします。

こんなふうに「知らず知らずのうちに乱れてしまっている生活」をリセットするのに効果的なのが「新しい朝の習慣」をひとつ加えることです。

朝、30分の散歩をするのは最高ですし、そこまで時間がとれない人はベランダに出て5分ストレッチするだけでも構いません。これまであまりしっかり朝食を食べていなかった人なら、**自分でトーストを焼き、丁寧にコーヒーを淹れる。**そんな習慣をプラスするのもいいでしょう。

もっと簡単に、音楽を聴きながら意識的に深呼吸をするだけでもＯＫ。

大事なのはなんとなく「流れのままに一日を始める」のではなく、意図的に「いい流れを生み出す」ことです。

Reset 3

# ちょっとした「プラスワン」が気持ちのリセットになる

本当にちょっとした「プラスワン」で気分は大きく変わってくるものです。

普段は駅のエスカレーターを使っているけれど、これからは階段を使うようにする。上りの階段がつらい人は下りだけは階段にするのでも構いません。

あるいは、電車ではどんなに空いていても座席には座らない。そんな「プラスワン」でもいいと思います。

コンビニやスーパーで買い物をしたときは「ありがとう」をいうようにする、カフェの店員さんにはあいさつする。こんな「プラスワン」でも全然構いません。

最近、あるニュース番組に出演したとき、**「お先にどうぞ」と相手に譲ることで自律神経が整う**話をしたら、とても好評だったことがあります。

私が留学していたイギリスでは「アフター・ユー」（お先にどうぞ）といって相手に譲る文化がありましたが、このちょっとした意識によって気分がよくなり、自律神経は整うものです。

こんなふうに自分の生活にささやかな「プラスワン」の意識を取り入れていくと、**その都度小さなリセットができる**ようになります。

これは本当に魔法のようなもので、職場でイヤなことがあり、むしゃくしゃした気持ちで会社を出たとしても、たまたま寄ったコンビニで店員さんに「ありがとうございます」といえたとしたら、その瞬間、わずかでも清々しい気持ちになります。

残業続きでホトホト疲れていたとしても、マンションのエレベーターで「お先にどうぞ」と譲ることができたら、「あっ、なんか私いいことした」と気持ちが晴れるもの。

心と体のコンディショニングの観点でいうなら、そうした行動をとにかく意識的にすることです。

自分が決めた「小さなプラスワン」を一日にひとつでもできたら、その瞬間に自律神経は整い、リセットできます。誰にでも、すぐにできることです。

Reset 4

# 朝の1分で一日をイメージする

朝の習慣でおすすめなのは「1分間で一日をイメージする」。

**自律神経において、とにかくよくないのは想定外のことが起こり、気持ちが焦ること。**その瞬間、交感神経が過剰に跳ね上がり、自律神経のバランスは悪くなります。

本当にちょっとしたことですが、忘れ物をした瞬間「あっ、しまった」「どうしよう」と誰もが思います。取引先とのミーティングへ向かう途中で気づいたならば「あの資料がなくて大丈夫かな?」「取りに帰ったほうがいいかな?」「取りに帰ったら、時間に間に合うかな?」などいろんなことを考えてしまうでしょう。

その時点で自律神経は完全に乱れています。

体がそんな状態では冷静な判断はできませんし、新たなミスを誘発することにもつながります。

そんな「ちょっとした想定外」を減らすためにも、朝起きたらベッドの上でいいので1分間だけ「今日の予定」をイメージします。

私の場合は、**前日寝る前に軽く予定を確認しておいて、朝起きたら「一日の流れをイメージする」**を習慣にしています。時間は本当に1分くらい。

病院や大学へ行って何をするのか。何を用意しておくのか。何時にどこへ向かうのか。そのためにどんなスケジューリングを意識したほうがいいのか。

そういった一日の流れを軽くイメージするだけです。

すると、非常に落ち着いて一日を始めることができますし、忘れ物をしたり、準備しておかなければならないことを「うっかりしていた」という場面もぐっと減ります。

もちろんベッドの上でなくてもOK。朝の散歩中に考えてもいいですし、駅まで歩くときにイメージしても構いません。

わずか1分の習慣で一日の過ごし方は変わってきます。

Reset 5

# 木曜日を「リセットデー」にする

一週間のうち一日を「リセットデー」と決める。

これもおすすめの習慣のひとつです。「リセットデー」だからといって大げさなことをするわけではなく、**少しだけ特別なランチを食べる、仕事を早く切り上げてお気に入りのカフェでお茶を飲む**。そんな習慣で十分です。

「リセットデー」を何曜日にするかは自由ですが、私は外科で仕事をしていた頃の習慣で、昔から木曜日を「リセットデー」と決めています。

そのとき外科では大きな手術は月曜日と水曜日に入れることが決まっていました。特に大きな手術は水曜日に行われます。朝から始まって夜まで（場合によっては翌日まで）かかる手術もありました。

それを終えた木曜日が私にとっての「リセットデー」。

じつは自律神経の調査でも「木曜日に一番数値が悪くなる」との結果が出ています。

多くの人が月〜金で仕事をしているため、水曜日くらいまでは何とかがんばれるのですが、木曜日になると肉体的にも精神的にもコンディションが落ちてくる。

それが金曜日になると「明日から週末だ！」「今日で終わり」という感じで再び気分が盛り上がってくるわけです。

そんなサイクルから考えても「木曜日をリセットデーにする」のは理にかなった方法といえます。

ちなみに、私は木曜日にマンガ雑誌の『ヤングジャンプ』を読むことがリセットの習慣になっています。特に「キングダム」が大好きで毎週楽しみに読んでいます。

決まった曜日にマンガやテレビドラマを楽しみにしている人は多いと思いますが、それを「ただの習慣」と捉えるのではなく、一週間の「リセットデー」と位置づけて**意識的に「一週間の区切り」を入れる。**

それだけで日々の生活にリズムが出てきます。

Reset 6

# 大胆な模様替えをする

自律神経を整える意味でも模様替えは非常におすすめ。**「自分にとっての快適空間をつくる」「新しい世界を生み出す」**ことはコンディションを高めることに直結します。

職場の模様替えができる人はレイアウトを変えてみるのもいいでしょうし、自宅の雰囲気をガラリと変えてみるのもいいでしょう。

自宅でも、職場でも、書庫や棚、ラックなどをすべて取り除き、デスクをひとつだけポツンと置くようなレイアウトにしてみるのもおもしろいのではないでしょうか。

「模様替えをしよう」と思ったとき、まず間違いなく不要なものを捨てるでしょう。この時点で気持ちは整理され、自律神経の状態はよくなっていきます。

いらないものを捨てるだけでもスッキリしますし、さらに空間そのものが自分にとって快適であったり、新鮮になったりすれば、その瞬間から自律神経の整い方が変わってくるのは当然です。

常々私は、日々少しずつでも整理整頓をすることをおすすめしていますが、今からの時期においては**「一気に、劇的に」がキーワード**だと思ってください。

コロナ禍が一段落してきて、多くの人が以前のような暮らしをするようになっているとは思います。しかし、私たちが認識している以上に「停滞していたコロナの雰囲気」は取り巻く環境や心の中に残っているものです。

そんな今こそ「なんとなく暮らしていく」のではなく、一気に、劇的に何かを変えることが必要です。

整理整頓や模様替えをするときも、とにかく一気に、劇的にやってみてください。一日でも、三日でもいいので「やる」と決めたら、集中してやってしまうのがおすすめです。

部屋の雰囲気が劇的に変われば、その瞬間から気分ははっきりと入れ替わります。まさに今がリセットのチャンスです。

Reset 7

# 「先延ばしマインド」をやめる

コロナ禍を経験した私たちが知らず知らずのうちに身につけてしまったもののひとつが「先延ばしマインド」です。

かつて、私たちの合言葉は「コロナが収束したら……」でした。

そうやって多くの人が「今、動くこと」をせず、先延ばしにすることを習慣にしてしまっているのです。**人は動けば動くほどフットワークが軽くなり、動かなければ動かないほど、どんどん身動きがとれなくなります。**

動かなければ筋力だって、体力だって衰えますから「さあ、動き出そう」というときに体に力が入りません。

今まで「コロナだから」とコロナを言い訳にしていた人ほど、コロナが終わったときに「動けない自分」になってしまうのです。

だから今こそ、コロナを言い訳にする「先延ばしマインド」はやめて、**「とりあえず行動してみる」を目標**にしてみてください。

ここでのポイントは「行動すること」そのものにあります。そのため、内容は何でも構いません。

好きな映画を観に行くでもいいですし、気になっていたレストランやカフェへ行ってみるのでもＯＫ。書店に行って普段はあまり見ない本のコーナーへ行くだけでもいいでしょう。そこで一冊の本を買って、新しいジャンルの扉が開けばそれに越したことはありませんが、そこまで至らなくても書店に行くだけでもまずは十分。

「コロナが明けたら旅行へ行こう」と思っている人は「コロナが明けたら」ではなく「今のうちにでも行けるところはないかな」と考えて、実際に行ってみてください。**結果として、電車で数駅で行ける近くの公園でもいいじゃないですか。**

そんな小さな行動を起こすことによってフットワークは軽くなっていきます。

「先延ばしマインド」をやめる。とても大事な意識づけです。

Reset 8

# 気になったときは「行動するほう」を選ぶ

誰にでも「ちょっと気になる」瞬間があると思います。

道を歩いているとき、たまたま目についた神社があって「なんだかよさそうな神社だな」と思ったり、SNSで「こんな美術展に行ってきました」と誰かの投稿を見たら「なんとなくよさそう」「行ってみたいな」と感じることがあるはずです。

思い返せば、そんな場面はいくらでもあって、テレビでおしゃれなカフェを特集していて「職場の近くにこんなおしゃれなカフェがあったんだ。今度行ってみようかな」と思うこともあるでしょう。

どんな人にも日常的に起こる感覚です。

しかし、**たいていの人は「そう思って終わり」**。実際に行動しない人が多いのではないでしょうか。

でも、そんなときこそ、少しだけ意識を変えて「行動するほう」を選ぶようにしてみてください。

たしかに、行動するのは面倒です。つい「行動しないほう」に流されてしまうのもわかりますが、自律神経を整える上で大切なのは「自分からいい流れをつくる」こと。ちょっと面倒でも「行動するほう」を選べば必ずいい気分になりますし、小さな達成感が得られます。

その瞬間、リセットでき、コンディションはよくなっています。

そしてもうひとつ追加するなら、一日の終わりに3行でいいので**「今日、行動するほうを選んだこと」を日記や手帳に書いてみてください。**

この振り返りと意識づけは大切です。

最初は「いかに自分が行動するほうを選んでいないか」に気づきますし、少しずつでも「行動するほう」を選べるようになってくると、その達成感がやみつきになって気持ちの充実度が格段に変わってきます。

Reset 9

# 無趣味な人には「勉強」がおすすめ

「アフターコロナに、どんなことをするのが自律神経的におすすめですか」と聞かれることがよくあります。

そこで私がお答えするのは「ぜひ、新しい趣味をつくってみてください」です。**自分の生活、ライフスタイル、時間の使い方をリセットするのに「新しい趣味」は最適です。**ジョギングやウォーキングでもいいですし、ソロキャンプへ行くとか、写真を撮ってみるなど、なんでも構いません。

ただ、この話をすると「私、無趣味なんです」とか「特にやりたいことが見つからないんです」とおっしゃる人が一定数います。

じつは、私もそのタイプなので気持ちはよくわかります。

そんな人たちにおすすめなのが勉強です。勉強と聞くと、それだけで学生時代のつらいイメージが湧いてくるかもしれませんが、**社会人になった私たちが行う勉強はもっと自由で、楽しいものです。**

そもそも、私は「新しい何か」を学んだり、知識を蓄えたりするのが好きで、それが趣味といっても言い過ぎではありません。仕事柄、いろんな論文を読みますし、歴史について学んだりするのも大好きです。

テレビで鎌倉時代のドラマをやっていれば、「この時代について調べてみようかな」と思って、思いつきで本を読んだり、ネットでいろいろ調べたりするのも楽しいものです。

あるいは、ちょっとでも植物に興味がある人はいろんな草花について勉強してみるのもおすすめです。草花に詳しくなれば、道に咲いている花や生えている草に目がいくようになりますし、それが楽しくて散歩へ行くようにもなります。

「私は無趣味なので」という人ほど、ぜひ何かの勉強を始めてみてください。日常に変化が生じて、いいリセットになるものです。

Reset 10

# 今のうちに「体のケア」をしておく

今のうちに、ぜひやっておいてほしいのは健康診断を受けることです。

コロナ禍の中で、さまざまな病気の発見が遅れていることが大きな問題になっています。私が勤務する病院でも検査が遅れたことによって、深刻な状況になるまで発見できなかった例は少なくありません。

患者さんに話を聞くと、本当に多くの人が「コロナ禍だから健康診断を受けなかった」「コロナ禍が収束したら受けようと思っていた」といいます。そうした「先延ばしマインド」は今でも感じられますし、高齢者の中には「病院はまだまだ危険な場所」とコロナ禍のイメージを持ち続けている人も散見されます。

誰だって病気が見つかればショックを受けますし、コロナ禍を理由にして先延ばしにしておきたい気持ちもわかります。

しかし**医者の立場からいえば「病気が見つかったら、それはラッキー」**です。健康診断で病気が見つかるとは、多くの場合、ほとんど自覚症状のない状態で病気を発見できること。こんなラッキーな話はありません。

まして普段は「忙しくてなかなか病院に行けない」という人でも、リモートワークが増えたり、飲み会や食事会が減って時間がつくりやすくなったケースも多いでしょう。コロナ禍の中で少しでも時間に余裕ができたなら、ぜひとも健康診断を受けるべきです。ラッキーにも病気が見つかれば、治療に当てる時間も捻出しやすいはずです。

コロナ禍を理由に先延ばしにして、半年後、一年後に病気が見つかったら、それこそ「なんでもっと早く検査をしなかったんだろう」と後悔します。

**体のケアをするなら、今がチャンス。**

検査をした結果、何もなければ「いい時期に検査を終えられた」となるでしょうし、病気が見つかれば、それこそ「いいタイミングで治療ができる」というものです。

Reset 11

# 1時間早く起きる

生活習慣をリセットするにあたりもっともシンプルでおすすめなのが「1時間早く起きる」です。

以前はリモートワークをまったくしていなかった人でも、コロナ禍をきっかけに働き方が変わり、週に何日かは「家で仕事」という人も多いでしょう。

すると、どうしても起きる時間が遅くなりがちです。起きる時間が遅くなるとなんとなくダラダラした雰囲気で一日を始めてしまうか、あるいは逆に、バタバタしてしまうかのどちらかです。

いずれにしても一日の始め方としては最悪です。

**その日のコンディションは朝に決まる**といっても過言ではありません。

副交感神経優位の状態からスムーズに交感神経優位の「活動モード」に切り替えることができれば、その日はいい流れに乗っていけますが、反対に**朝の状態が悪いと、最低でも午前中のコンディションは上がってきません。**

たとえば、早く起きて散歩ができれば、気分的にも、身体的にもかなりいいコンディションになります。散歩でなくても、ゆったりとした雰囲気で音楽を聴いてもいいですし、30分だけ本を読むのもいいでしょう。あるいは、毎日一カ所だけ片づけをすることを習慣にするのもおすすめです。

いずれにしても、そんな「余裕のある時間」を朝に持つことができれば、自律神経は圧倒的に整ってきます。

日々の生活を振り返ってみると「朝、余裕のある時間」を持てている人はあまりいません。時間の余裕が持てている人でも、たいていは「夜」か「休日」でしょう。

もし毎朝30分でも「余裕のある時間」を持つことができたとしたら、あきらかに生活は変わってきます。本当におすすめの方法です。

第2章

# 減らす、片づける、軽くなる

Reset 12

# 軽くなることで常に新しいスタートを切る

第2章のテーマは「減らす、片づける、軽くなる」です。

自律神経を整える上で、私がいつもおすすめしている「片づけ」。身の回りが片づくと、それだけで体のコンディションは整ってきて、リセットにつながります。

長く生きていると、物理的にも精神的にもさまざまなものが積み重なってきます。

わかりやすいのは衣服などの持ち物ではないでしょうか。10年前に買ったけれど、ここ数年はまったく着ていない。クローゼットに入っていることすら忘れてしまっている。そんな服は一着や二着では済まないでしょう。

これを機会にいろいろなものを減らしていく。そのためのさまざまなノウハウをお伝えするのが第2章です。

たとえば「昔の写真は処分してしまう」。これもひとつのリセットです。

リセットとは捨てることでもあります。

継続が「過去とつながっている状態」を指す一方で、リセットとはその過去をいったん断ち切り、新たにスタートを切ることです。**上手に過去を断ち切り、処分できる人はそれだけリセット上手**といえます。

また、この章では「ゴールではなく、スタートに向かって生きる」というとても大事なメッセージをお伝えします。

私たちはつい「終わり」に向かって考えてしまうクセがあります。定年を迎える人は「会社人生の終わり」を感じるでしょうし、余命一年といわれたらやっぱり「終わり」を考えてしまいます。

しかし、人生は常に「今」がスタートです。

**本当の意味でのリセットとは「常にスタートを切ること」**でもあります。私たちはどんな瞬間からでもスタートすることができます。決して、終わりに向かって生きているのではありません。

Reset 13

## 「ゴール」でなく「スタート」を目指す

多くの人は定年を迎えるとき、職場のデスク周りを片づけると思います。定年退職でなくても、転職や異動でも同じでしょう。

私も3年半後には大学を辞める日がやってくるので、そろそろデスク周りを片づけ始めてもいい頃かなと思っています。

そういうと「ちょっと早すぎるんじゃないですか」と多くの人がおっしゃいますが、私にしてみればそんなことはありません。

なぜなら**「何のために片づけるか」の意味合いが違う**からです。

多くの人は「その職場での終わり」に向かって片づけます。いわば、ゴールに向かって片づけているのです。

しかし、生きていく上で大事なのは「ゴールに向かう意識」ではなく「スタートに向かうこと」。

**私にとって大学を辞める日は終わりではなく、次の何かに向かってスタートするときです。**

常に意識が向いているのはスタート。だからこそ前もっていろんなものを整理しますし、準備もします。

次の何かに向かう準備に（整理や考える時間も含めて）3年かけるとしたら、決して長すぎることはありません。むしろ一週間前になってバタバタと片づけ始めるから、次のスタートが上手に切れないのです。

3年後に職場を去ることが決まっているなら、そのタイミングから身の回りを一つひとつ整理し、次の人生や生き方を考えていく。**思い出の品を整理するのではなく、次の人生に必要なものを取捨選択し、準備していく。**

人生の転機で上手にリセットするコツは「ゴールに向かわず、スタートに向かうこと」です。その準備に早すぎることはありません。

Reset 14

# 「今から何ができるか」を常に考える

「ゴールではなく、スタートに向かって生きる」が大切だというと、「具体的にはどうしたらいいですか」と聞かれることがあります。

その方法のひとつは、**常に「今から何ができるか」を考える**ことです。

たとえば、明日退職することが決まっていたら、退職後をイメージして「今から何ができるか」を考えるのもいいでしょう。

あるいは、現在の職場のことで「今から何ができるか」を考えるというアプローチもあります。多くの人は「明日職場を去る」とわかっていれば、現在の職場で「今から何ができるか」なんて考えないでしょう。

でも、その発想自体「終わりに向かって生きている」証拠です。常に今がスタートだと思っている人は、最後の一日であっても「今から何ができるか」を考え続けます。そうやって常に「終わりではなく、スタート」を意識していると、気持ちが前向きになり、イキイキと生きていられるのです。

私が尊敬する医師に山高篤行《あつゆき》先生という小児外科医がいます。医師としても文句なくすばらしいのですが、つい先日山高先生にお会いしたとき、先生が忙しく動き回っている話を聞いたので「先生、いったい何をしているんですか」と尋ねてみました。

すると「いろんなところを訪問して、患者さんに大学病院のご説明をしているんですよ」と語られました。

これには私も衝撃を受けました。山高先生といえば、定年で大学を辞めるまであと少し。自分は教授として悠々と仕事をしていればそれで十分な立場です。

しかし、山高先生はそんな「終わり」を見つめてはいませんでした。常に「今からできることは何か」を考え、誰よりも行動していたのです。

常に「今からスタートする」生き方に、あらためて凄みを感じた瞬間でした。

Reset 15

# 写真はできるだけ処分する

私は写真など「思い出の品」はできる限り処分するようにしています。「ゴールでなく、スタートを目指して生きる」と話した通り、過去に囚われるより、常に「次のスタート地点」を目指そうとしているからです。

もちろん「写真」というのは「思い出の品」の代表例として述べているだけですが、その他さまざまな思い出の品を過剰に大事にしていると、それだけ過去に囚われます。「写真はすべてを捨てたほうがいい」とまではいいませんが、半分でもいいので一度思い切って処分してみることをおすすめします。

物理的にものを捨てると、確実に気持ちはスッキリします。**物理的にも、精神的にも軽くなってみる。**その瞬間、自律神経は整っているものです。

人は死んだら何も残りません。

私は医師として人が亡くなる場面に何度となく遭遇してきました。しかしそれ以上に心に残る体験として、私は高校生の頃、母を亡くしています。当時、母は46歳。亡くなった母は位牌だけになり、ほかに何も残りませんでした。

でも、それでいいのだと思っています。

人によっては「冷たい」と感じるかもしれませんが、**人は皆、何も持たずに畳一畳で死んでいきます。**そのゴールは決まっています。

だからこそ、私たちはそんなゴールに向かって生きるのではなく、常にスタートを目指していく。そんな意識が大事なのです。

あと10年しか生きられないと知ったのならば、そこからスタート。それが2年でも、3カ月でも同じです。今からスタートを切ります。

これまで生きてきた過去に囚われ、過去を見つめて生きるのではなく、次のスタートを見つめて生きる。その方法のひとつとして「物理的な過去」はできるだけ処分し、身軽になっておく。大事な心がけだと私は考えます。

Reset 16

# ものを減らすコツは「いつかはすべて捨てるもの」

身の回りを整理するとき「いるもの」と「いらないもの」を分けるのは基本中の基本。整理が苦手な人ほど「いるもの」の割合が大きく、つい残しすぎてしまいます。

私の基本的な考えは「いつかはすべて捨てるもの」。

仮に、今捨てなかったとしても2年後には捨てることになるでしょうし、それが3年後なのか、5年後なのかの違いだけです。

以前、ある雑誌の取材で「小林先生は一生残しておくものはないんですか」と聞かれましたが、正直いって、そんなものは何もありません。死ぬ直前まで「持っていなければいけないもの」など何一つないのです。

ぜひそう思って、クローゼットを眺めてみてください。

いつかはすべて捨てるもの。そう考えると「今捨ててしまってもいいもの」がたくさん出てきます。半分以上が捨ててしまっていいものでしょう。『フランス人は10着しか服を持たない』という本がベストセラーになりましたが、自律神経的にいってもすばらしいライフスタイルです。ものを減らし、クローゼットがスッキリしているだけで自律神経は整います。

「すべてを捨てる」はさすがに現実的でないところもあるので**「大事なものをひとつだけ選ぶ」**という発想もおすすめです。時計でも、鞄でも、財布でも、靴でも、文房具でも「これは大事に長く使う」といえるものをひとつ選んで、ほかを処分していくと身の回りはスッキリします。

**心と体のコンディションを整えるコツは「余計なものがないこと」と「心地いいものに囲まれていること」です。**

身の回りのものが減れば、それだけで気持ちはスッキリします。そして身の回りに残ったものが「自分が選んだ最高の一品」となれば、日々の暮らしは晴れやかになります。意外と侮れないコンディショニングのポイントです。

Reset 17

# 帰宅したら着替える前にどこか一カ所片づける

身の回りを片づけることが自律神経を整えるのに有効であることはこれまで何百回となく発信し続けてきました。

すると「私はなかなか片づける習慣が身につけられないのですが、いい方法はありませんか」とよく聞かれます。

たしかに、何かのついでにササッと片づけられる人となかなかできない人はいるでしょう。

後者の人にぜひ試してみてもらいたいのは「着替える前に片づける」方法。

会社を出て家に着いたら、たいていの人は荷物を下ろし、着替えをします。リラックスできる部屋着に着替えてゆったりとくつろいだり、食事の用意をしたりするわけです。

その流れを変えて、家に着いたら着替える前に一カ所でもいいので、まず片づけをします。クローゼットから捨てる服を選んでまとめるでもいいですし、本棚に入っていない本が散らばっているなら、それを本棚に戻す作業でも構いません。ゴミがいっぱいになっているなら、ゴミ袋に入れて、そのままゴミ捨て場に持っていけるようにしておくのもいいでしょう。

とにかく「家に着く↓着替える↓リラックスする」の流れに乗ってしまったら、片づけのタイミングは来ないと思ってください。

だからこそ**「家に着く↓どこか一カ所片づける↓着替える↓リラックスする」の流れに変えてみる**のです。

スーツなどの外出着を着ているうちは「外出モード」。その「外出モード」のまま片づけまでセットにしてしまうのです。

私はこの習慣を8年ほど続けていますが、案外悪くないものです。**外出モードの勢いがあると、それほど苦もなく片づけができます。**

Reset 18

# 前の作業の延長にしてしまう

「着替える前に片づける」とは、そもそもが「前の作業の延長にしてしまう」の発想です。

本書は何度も「流れ」について語っています。自律神経が乱れていると、その流れが続いてしまうので、それをリセットすることが大事。本書のメインテーマです。

**そもそも人は「流れに乗ってしまう生き物」です。**

それを逆に利用するのが「前の作業の延長にしてしまう方法」です。

前の項目では「着替える前に片づける話」をしましたが、その流れで郵便物のチェックもやってしまうことをおすすめします。

郵便物は必要なものから不要なものまで、すぐにたまってしまいます。これは自宅でも職場でも同じで、外出先から帰ってきたら身の回りを一カ所片づけて、その流れで「届いているすべての郵便物」をチェックし、開封します。ひと目見て開封の必要がないものはそのままゴミ箱行き。開封して、不要なものも、その場でゴミ箱に捨ててしまいます。

そして、必要なものはその場でファイリングをする、ラックや引き出しにしまうなどしてください。**しまう場所が決まっていない人は、今すぐにでも決めましょう。**

最近は残業時間の管理も厳しくなっているので「これは家に帰ってからやろう」とちょっとした仕事を家に持ち帰る人もいるでしょう。資料の確認だけはしておこう、メールの返信だけはしておこう、などです。

そういった仕事も、基本的には家に帰った流れで（着替える前に）やってしまうことをおすすめします。

家に着いて一度リラックスしてしまうと、その流れから「仕事モード」にするのは自律神経の構造からいってかなりたいへんです。ここで大事なのは、前の流れで作業を終わらせ、その後にリセットのタイミングを持ってくることです。

第3章

# 決める、<br>軸を持つ、<br>ブレをなくす

Reset 19

# 軸を持てば自律神経は整う

第3章のテーマは「軸」です。

「あなたの軸は何ですか」と問われたとき、大小さまざまな軸（マイルールでも行動指針でも構いません）を答えられる人は比較的安定した精神状態でいられるものです。

職場でランチへ行く場面でも「自分ひとりで食べる」という軸を持っている人は淡々と自分のペースで食事をしたり、リラックスすることができるので、それだけ自律神経を整えることができます。

もちろん「ランチはひとりで食べたほうがいい」といっているのではありません。ただし、本当はひとりで食べたいのに同僚や先輩に誘われると断れなくて一緒にランチをするけれど、いつも後悔する。そんな人もいるはずです。

こういう人は往々にして「なんで断れなかったんだろう」「お昼の休憩時間が一番ストレスだ」などと思い、結果として自律神経を乱してしまいます。

一事が万事そういうことで、人とのつき合いでも、着る服の選び方でも、仕事の進め方などあらゆる場面で「自分なりの軸」が大切になってきます。

**軸が定まっていれば、自分の判断や行動に納得感が出ます。**どんな結果になるにせよ、納得感のある意思決定をできている人は自律神経があまり乱れません。

面倒なランチだったとしても「私は誘われたら、行くと決めている」と自分なりの軸がしっかりしていれば、やることは同じでも納得感が違ってきます。

自分の軸に従っていれば、仮にイヤなことがあったとしても、納得して気持ちを切り替えることができます。「自分の意思でそうしたのだから、仕方がない」と割り切ることができるのです。**それだけリセットもしやすくなります。**

一番よくないのは「どうしようかな」とグズグズ悩むこと。そして、結果として納得感の低い意思決定をして、さらに後悔することです。

自分なりの軸を持つだけでも、あなたの自律神経は圧倒的に整ってきます。

Reset 20

# 持ち物は機能で選ぶ

２０２１年に出版した『整える習慣』という本の中で「鞄の中を探した瞬間に、あなたは乱れている」との項目を載せたところ、思いのほか反響がありました。

スマホを取り出そうとしたのにすぐに見つからない。「もしかして忘れたのか?」「どこかで失くしてしまったのか?」と思っただけで自律神経はかなり乱れている。

そんな話に大きな反響があったのです。

鞄に限った話ではなく、私は持ち物は徹底して機能で選ぶことにしています。デザイン性やブランド等は一切関係ありません。自分にとって「使いやすい鞄とはどういうものか」「日常のストレスを感じないために必要な機能は何か」を考え抜いて、それを満たすものを買う。これが私の軸となっています。ゴルフバッグでも、靴でも、文房具でも同じです。ゴルフの腕だってたいしたことはないのに格好だけ気にしてもしょうがない。それが私の考え方です。

もちろん、デザインやブランドにこだわりたい人はそれでいいと思います。それで気分が上がるのであれば、コンディショニングにとってもいい効果はあるでしょう。

ただ一方で、そこまでこだわりがない人は「徹底して機能で選ぶ」のはおすすめです。日々のストレスがなくなりますし、この方法のいいところは**「買い換え時期」が明確で、買ったら前のものを捨てることができる点**です。

鞄が古くなってきて、機能を果たさなくなった。あるいは、さらに必要な機能が出てきたので買い換える。当然、以前のものは「十分な機能を果たせない」のですから迷わず捨てることができます。

**とてもシンプルな考え方です。**

私の経験上「十分な機能を果たしてくれるもの」はそう簡単には見つかりませんが、見つかったら大事に使いますし、ストレスを軽減してくれる大事な相棒になってくれます。

Reset 21

## 迷いをなくせば、緊張も減る

自律神経の専門家として「緊張する場面」での対処法を教えてください。

そんな質問を受けることがときどきあります。自律神経の側面から緊張状態をひもといていくと、やはり交感神経が高くなっているので、深呼吸をするとか、一杯の水を飲む、ゆっくり歩くなどの方法で自律神経を整えることは効果的です。

スポーツ選手のコンディショニングの見地から見ると、迷いがあるとより緊張してしまうので「迷いをなくす」というアプローチも重要です。

たとえば、ゴルフでバンカーに入れてしまい、次に重要なバンカーショットを打たなければならないケース。「どうやって打とうか」と迷ったまま打つ体勢に入ったら、まず失敗します。「どうしようかな」「失敗してしまうんじゃないか」などあれこれ迷っているとさらに心拍数が上がり、パフォーマンスが下がるのは当然です。

緊張する場面ほど「これをやる」「これはやらない」と決めておくことが肝心です。

私の場合はテレビ出演する機会も多く、普段とはまったく違うステージなので当然緊張します。

そこで、私は「自分の専門分野の話はする」「それ以外は多くを語らない」と決めています。わからないことを無理してしゃべろうとはしませんし、バラエティ色の強い番組だからといって、自分の役割以上のことをしたりはしません。

そうやって「やること」と「やらないこと」をしっかり決めておけば、現場で迷うことはなくなります。すると頭はクリアになり、本番に向かって落ち着いていられますし、集中力も高まってきます。

人によって緊張の仕方や度合いはもちろん異なります。しかし往々にして、**緊張している人ほど「やるべきこと」がクリアになっておらず「どうしようかな」といつまでも迷っている**ものです。

まずは迷いをなくすことです。

Reset 22

# フォアボールしか狙っていなかった

「迷わなかった」という点で、私自身のユニークな体験をご紹介しておきましょう。

中学時代、私は野球部に入っていました。強豪校ではなかったのですが、埼玉県大会で準優勝したことがあります。その予選の大会中、ある強豪との試合で同点のまま最終回を迎え、ノーアウト三塁の場面で私に打席が回ってきました。ヒットを打てばヒーローになれる場面。同時に、緊張で押しつぶされそうになる場面です。

そのとき私が考えていたのは、とにかくフォアボールで塁に出ること。自分がヒットを打ってヒーローになるのではなく、アウトにならずに次へつなぐ。これしか考えていませんでした。

**「ボール球を振らないこと」だけを意識**しているうちにカウントはフルカウント。際どいボールを見逃すことができない状況になってしまいました。そこから先は「怪しい球」はバットに当ててファウルで粘る。あきらかなボール球が来るまで、それだけをやっていました。

すると、だんだんとタイミングが合ってくるのが自分でもわかり、最終的に私がヒットを打ってサヨナラ勝ちをしたということがありました。

結果オーライとはいえ、野球選手としてはなんとも消極的なエピソードです。

しかしあのときを振り返ってみると、私に迷いはまったくありませんでした。「狙いはフォアボール」「フルカウントになったら、ボール球が来るまでバットに当ててファウルで粘る」。これだけを考えていました。

あんなに緊迫する場面だったにもかかわらず、私は変に緊張することなく、ある意味でのゾーンに入っていたと思います。

野球選手としては決して褒められた話ではありませんが、自分の中では、「迷わない」ことがいかに大切かを思い出させてくれるエピソードです。

Reset 23

# 「自分なりの軸」があれば、それでいい

私の野球部の話は見方を変えると「弱い人間」のエピソードともいえます。

もし私が強い人間だったら、フォアボールなど狙わず、ヒットを打ってヒーローになることを求めたはずです。しかし私は弱い人間で、最初から消極的な選択肢しか頭にありませんでした。

でも、それでいいのだと思っています。

「軸のある人」というと、自分の思いをしっかり持ち、それを臆することなく表現できる人のように捉えられますが、必ずしもそうではありません。

自律神経を整えるための「軸」とは、人間としての「強い、弱い」とは関係なく、**自分なりに「決めている」ということ。**

たとえば、職場でイヤな仕事をしょっちゅう押しつけられる。

そんなとき、強い人なら「こんな仕事はやりたくありません」「どうして私ばかりに押しつけるんですか。納得できません」とはっきりいうことができるでしょう。それができる人はそれでいいと思います。

しかし、それができない人にも「その人なりの軸」があるはずです。

仕事を押しつけられたら、どんな仕事でもやると決める。納得がいかなくても、文句をいわないと決める。それも立派な軸。文句をいわないでやるけれど、絶対に残業まではしない。たとえば、そんな軸の持ち方や線の引き方もあるでしょう。

「イヤな仕事を押しつけられること」はたしかにストレスです。しかし、じつは「それに文句をいえなかった自分」に対するモヤモヤがいつまでも残り、その思いが自律神経を乱しているケースはよくあります。

大事なのは「自分らしい軸」を持つこと。**「私はこうする」と決めてあれば、自分に対するモヤモヤは減少します。**結果、自律神経が乱されずにすむのであれば、それでいいのだと私は思います。

Reset 24

# 「おべっか」も「つくり笑い」も軸があれば問題なし

人とのコミュニケーションにおいて、つい「おべっかをいってしまう」、全然楽しんでいないのに「つくり笑いをしてしまう」人がいます。

それ自体はとりたてて問題ではありませんが、ここでちょっと複雑なのは「おべっかをいってしまう自分」「つくり笑いをしている自分」に腹が立ってストレスを感じてしまうケースです。そんな経験のある人も多いのではないでしょうか。

ここでの問題は「おべっかをいうこと」でも「つくり笑いをすること」でもありません。**そんな自分にストレスを感じてしまう。この一点です。**

結局、これも「自分の軸」はどこにあるのか。そこが最大のポイントです。

もし、本当に「おべっかなんていいたくない」「つくり笑いなんてしたくない」と思うのであれば、強い意志を持ってやめるべきでしょう。

しかし私の経験からいって、こうした人はおべっかをいったり、つくり笑いをすることで案外上手な人間関係を築いたり、軋轢《あつれき》の少ないコミュニケーションを実践していたりします。

それがその人の強みであり、軸であることも多いのです。

ただ、本人としては「自分の軸」がどこにあるのかを認識していないので、なんとなくモヤモヤが残る。そんな自分が腹立たしかったり、ストレスを感じたりしてしまうのです。

私は「おべっかもいうし、つくり笑いもする」。そうやって軋轢を減らすコミュニケーションをするんだ。そうした軸を持ち、意識することが一番大事だと私は思います。

もしかしたら、そんなあなたにあれこれいう人もいるかもしれません。しかし自分の軸さえ決まっていれば、他人が何をいおうが関係ありません。むしろ、**他人にあれこれいう人のほうが「自分の軸」がグラグラしていて、黙っていられない**のではないでしょうか。

Reset
25

# 「逃げる軸」を持っておく

仕事で多少イヤなことがあっても我慢して、がんばり続けなければいけない。そんな考え方が当たり前の時代がかつてはありました。

一方で「がんばらなくてもいい」「逃げたっていい」などのメッセージが最近は増えてきました。たしかに「逃げてもいい」と私も思います。立ち向かうだけがすべてではありません。

ただし、漠然と「逃げてもいい」「がんばらなくてもいい」と伝えたいわけではありません。いくら「逃げてもいい」といわれても、**実際に「逃げた自分」を責め、メンタル不調になっている人は大勢います。**

私が大事にしたいのは「逃げる軸」を持つことです。

**逃げること自体は「いいこと」でも「悪いこと」でもありません。**逃げたほうがいい場面もあれば、粘り強くがんばり続けたほうがいい瞬間もあるでしょう。

心身ともによいコンディションを保つには「ここまではがんばる」とか「こういう状況になったら逃げる」など「自分なりの軸」をあらかじめ持っておくことです。

たとえば、あなたが今抱えているストレスを紙に書き出してみてください。すると、大小さまざまなストレス要因が一覧となって見える化されます。

その一つひとつを確認して**「自分にとって我慢すべきストレス」なのか「排除したいストレス」なのか分類**してみてください。

そこからさらに「ここまではがんばるけれど、こういう状況になったらやめる」「いつまではがんばるけれど、この時期までに改善されなかったらやめる」など自分なりの線を引いてみてください。

それがあなたの軸となります。

降りかかっているストレス自体は変わりませんが、「自分なりのライン」「逃げる軸」を持っておくと受け止め方が変わります。

Reset 26

# 「期待」が自律神経を乱す

自律神経を乱す大きな要因のひとつに「期待」があります。

きっと多くの人が日々懸命に仕事をしているでしょう。「がんばる理由」は人それぞれですが、たとえば「上司に認められたい」「組織で必要な人材だと思われたい」と考えている人も多いのではないでしょうか。

そう思ってがんばること自体、決して悪いことではありません。

しかし、自律神経の専門家の立場からすると、こうした「期待」が心身のコンディションを崩す要因となっていることがよくあります。

上司や組織に認められたいとがんばって、認められる。これはすばらしいことです。

しかし、相手は人や組織ですから、懸命にがんばったからといって、必ず認められるわけではありません。思うような成果が出せないこともあるでしょうし、十分な成果が出ているのに、社内の人間関係だとか、理不尽な社内事情によって評価されないこともあります。

当然「こんなにがんばっているのに、どうして認められないんだ」「なぜ、あいつのほうが評価されるんだ」という気持ちになり、それが原因で自律神経を乱したり、メンタル不調になる人もたくさんいます。

このときに**大事なのは「ここは本当に自分ががんばり続ける場所なのか」を考えること**です。それを考え抜いた上で「ここで評価されようとがんばり続けるのは違う」と見切りをつけることも、ときには必要です。

人にはそれぞれ向き不向きがありますし、環境によって評価される場合もあれば、評価されない場合もあります。また、自分が活躍できるタイミングや運もあります。

組織に属していれば、理不尽に感じることや納得できない人事に直面することもあるでしょう。しかし、そこで**「見切り」をつけて「期待」を手放すことができれば、気持ちはひとつリセットできます。**

Reset 27

# 「求められて生きる」を目指す

世の中には「求めて生きている人」と「求められて生きている人」がいます。

「求めて生きている人」は、自分は「こんな仕事がしたい」「こんな役割を担いたい」「こんなポジションに上り詰めたい」「こんなふうに評価されたい」などと思います。

その思いがモチベーションになっていることもあるので、それ自体を否定するつもりはありません。

しかし、周囲を注意深く見渡してみると、常にコンディションよく仕事をしていたり、本当の意味での評価、結果を得ている人は「求められて生きている人たち」です。

「誰よりも早く部長になるんだ！」と息巻いている人よりも、「ぜひ、あの人に部長になってもらいたい」と周囲から求められている人が本当の実力者であり、成果を上げていく人です。

大事なのは「自分はどこに求められているのか」を理解することです。

もしかしたら、それは会社で出世することや大きなプロジェクトを任されることではなく、町内会の活動をすることかもしれません。あるいは、よき父親や母親として、子どもたちを育てることかもしれません。

私も長く大学病院にいますから、「求めて生きている人」と「求められて生きている人」をいろいろと見てきました。常にコンディションを崩し、もっとも苦しい生き方をしているのは求められていないフィールドで、必死に求めて生きている人です。

一方で、**常に安定し、最高のコンディションで楽しそうに生きているのは「自分が求められているフィールド」で生きている人です。**

何も、活躍の場は職場のような「お金を稼ぐフィールド」だけではありません。むしろ、そんなバイアスを持たずに、フラットに「本当の意味で自分が求められる場はどこか」を見つめ、そこで自分の力を発揮しようと思えた人が、もっとも幸せな生き方をしているのだと私は感じます。

Reset 28

# 「修正ポイント」は1点だけを意識する

私はスポーツのコンディショニングアドバイザーをすることも多く、たくさんのアスリートがトレーニングしている現場に立ち会います。

その際コーチがいろいろとアドバイスしているのですが、**一流のコーチほどたくさんのことはいいません。**

修正ポイントは1点だけ。そんな指導をしている人は「さすがだ」と思います。

自律神経の側面から見ても、トレーニング効果を高めるのに必要なのは集中力。その集中力をもっとも妨げるのが「迷い」です。

迷いがあると、どうしても思考や意識が引っ張られて集中することができません。

つまり、たくさんのことを一度にいわれると、集中してトレーニングできないのです。ゴルフのスイングが典型的で、頭の位置、クラブの握り、腕の動かし方、腰の回し方などいろいろいわれたら、確実に前よりスイングは悪くなります。

野球でも、ゴルフでも、どんなスポーツでも一流のコーチは「ここを直せば、よくなる」というポイントを見つけ、その点だけを修正させます。1点だけの修正ポイントを見極める力がとてつもなくすばらしいのです。

これは私たちの日常にも応用できます。何かを修正したり、スキルアップしようとしたりするとき「ポイントをひとつ選ぶとしたら、何をするか」。そんな視点で考えてみてください。

たとえば、後輩のプレゼン指導をするとき「目線を変えたほうがいい」「話すスピードに気をつけて」「姿勢を意識して」「強調したいフレーズでは間を取って」などあれこれいう人がいますが、いわれたほうは混乱して、かえってペースを乱します。

優秀な指導者は「ここを直すのが一番効果的」という部分を見つけ、ひとつのことを伝えます。**医学的な観点で見ても、このアプローチのほうが成果が出やすい**ことはあきらかです。

Reset 29

# 時間をかけなければ「軸」はできあがらない

かつて私は外科医をしていて、当時は手術をして患者さんが元気になっていくことに大きな満足感を覚えていました。その後、大学で学生たちを指導することに多くの時間と労力を割いている時期もありました。そして今は本を書いたり、講演をしたり、メディアに出ることも多くなりました。

**私はどの領域も、どの活動も同じく医療だと捉えています。**

外科医のように目の前のひとりの患者さんを診ることも医療ですし、次代の医師を育てるのも、本を書いて何万人、何十万人もの人に健康における知識やアプローチをお伝えするのも同じ医療だと考えているのです。

しかし、そうしたどの領域も簡単にできるものではありません。医者をやりながら片手間で本を書いて、それでうまくいくかといえば、そんなに簡単ではありません。

私が最初の著書『なぜ、「これ」は健康にいいのか?』を出したのは東日本大震災が起こった直後の2011年4月。

それから10年以上、さまざまな研究をしたり、日々いろいろなことを考えたり、議論を重ねたり、実際に多くの患者さんと向き合いながら、広く世の中の人たちに伝えるべきこととは何か、どうしたら伝わりやすく、実践しやすいかを考え続けてきました。**それだけの時間の積み重ねがあるからこそ、「これも医療行為なのだ」と自分自身の軸として捉えられるようになってきたのです。**

本書で私は「軸の大切さ」を何度となく語っています。軸をしっかり持つことで迷いがなくなり、自律神経を整えることにもつながるからです。それは間違いありません。

もちろん、口でいうほど「軸を持つ」のは簡単ではないでしょう。相応に時間がかかるものです。だからこそ日々の生活の中で「自分の軸とはなんだろう」「自分は何を軸にしたいのだろう」と考え続けることが大切だと感じています。

Reset 30

# 「軸を持つ」とは何かを捨てること

自分なりの軸を考えるにあたって、大切な意識のひとつが「捨てること」。「軸を持つ」とは「それ以外を捨てること」でもあるからです。

わかりやすいところで、私は「持ち物は機能で選ぶ」と語りました。すなわち、見た目やデザインは捨てているのです。

また、大学で学生たちの指導に労力を注いでいた頃は、大学を歩けばたくさんの学生が「小林先生、小林先生」と声をかけてくれて、チヤホヤしてくれます。私も人間ですから、チヤホヤされれば気分がいいわけです。

でも、そうした現場から離れていけば、私を知る学生はいなくなり、誰も声をかけなくなってきます。当然、寂しさを感じます。

しかし、自分の人生において何を大事に生きていくのか。何を軸として活動していくのか。そんなことを考えると、自ずと自分のやるべきことが見えてきますし、気持ちの整理もついてきます。

現在の私は学生たちの指導を自分の軸とするのではなく、もっと別の活動を自分の軸にしようと決めたのです。そうやって「自分の軸」が定まってくると、**気持ちが揺さぶられることも減り、自分の活動に対する確信が持てる**ようになってきます。

結果、自律神経を乱すこともなくなりますし、良好なメンタリティで日々過ごすことができるようになってくるわけです。

たとえば、今の仕事もがんばりたいけれど、新しい領域の勉強もしたい。友人との時間も大切にしたいし、家族とのコミュニケーションもおろそかにしたくない。

そんな状況で思い悩むことも多いでしょう。人生には大切な要素がたくさんありますが、その**すべてを握り続けていると、結局は「大事なものをつかめない」**という状況になりかねません。

軸を持つとは、勇気を持って捨てることでもあるのです。

Reset 31

# 試しながら「自分に合うやり方」を見つける

アスリートは日々トレーニングをしていますが、一流になればなるほど「自分に合ったやり方」をきちんと選んでいます。

「努力」と簡単に表現されますが、じつは**努力には無限の方法があり、どれを選ぶのかによって効果はまったく違ってきます。**

これは人生ととても似ていて、勉強にしろ、仕事にしろ、本書で話しているようなリセット術にしろ、それぞれの人によって「合う方法」は異なります。

この本でも99個のリセットの方法（さまざまなノウハウや考え方）をご紹介していますが、第1項目から欠かすことなく「すべて実施してください」といいたいわけではありません。

ぜひ意識してほしいのは「いろいろ試して、自分に合うやり方を見つける」こと。

朝の散歩が自分のライフスタイルに合っている人もいれば、「朝、散歩に行かなきゃ」と思うことがかえってストレスになる人もいるでしょう。そんな人はわざわざ散歩へ行かなくても、家を出る時間を5分だけ早くして、少し遠回りをして駅まで歩くという方法を取り入れても構いません。

「持ち物すべてを機能で選ぶ」ができなくても、仕事で使う文房具だけは「徹底して機能にこだわる」という軸を持つのもいいでしょう。

私が提案している99個のリセット術を参考にしつつ、いろいろ試しながら、自分に合う方法をぜひ見つけ出してください。

人それぞれ体の特徴も違えば、できることとできないことも、性格も違います。生活環境も違えば、職場の人間関係やルール、立場や役割などあらゆることが異なります。自分に合わないやり方はやはり効果が出にくいですし、それどころか苦痛だったり、負担が大きすぎて、かえってコンディションを崩してしまうこともあります。自分に合ったやり方を見つける。これも軸のひとつです。

Reset 32

# 上手に孤独になる

飲み会や食事会に関して「参加するもの」と「しないもの」をどのように分けているのか。そんな質問を受けることがあります。

私の場合は基本的に「相手と話していることで発展的な進歩があるかどうか」を大切な軸としています。

やはり、それぞれの分野で活躍している人と話すと、そこに魅力を感じたり、話している中でさまざまな気づきを得られたりします。

私はややドライなところがあるのか「何か得られるものがなければ、会食しても仕方がない」と考えています。

そんな言い方をしたところ「小林先生には、遊びに行く友だちはいるんですか？」

と聞かれたことがあるのですが、はっきりいってその種の友だちはいません。
もちろん、ゴルフに行ったり、古くからつき合いのある人と飲みに行ったりすることもありますが、定期的に遊ぶとか、何かを語り合う、いわゆる親友のような存在はいません。職場の人と飲みに行くことも、コロナ禍の中ではもちろんですが、それ以前からほとんどありません。

こんなふうにいうと「友だちがいないなんて……」と思う人もいるかもしれませんが、世の中には「親しい友人と呼べる人はひとりもいない」というタイプも決してめずらしくありません。

それが自分の軸であれば、無理して友だちをつくったり、何かしらのコミュニティに参加したりする必要はないと私は思っています。

友人と楽しく過ごす。それももちろんいいことですが、一方で「上手に孤独になる」という発想も大切だと考えています。もし**「私には友だちがいない」といっている人がいても、心配する必要は全然ありません。**それで楽しく、コンディションよく生きられているなら「上手に孤独になれている」証拠です。

Reset 33

# 自分の「心の器」を知っておく

人にはそれぞれ「心の器」があります。

「心の器」が大きい人はおおらかで、イライラすることもなく、多少のことが起こってもそれをゆったりと許すことができます。気持ちがいっぱいいっぱいになることも滅多にありません。

一方で「心の器」が小さい人は、小さなことでもイライラしますし、ちょっとしたストレスでも気持ちがぐらつき、くよくよしたり、感情を爆発させたりしてしまいます。「他人のミスが許せない」のも「心の器」の小ささゆえではないでしょうか。

さて、こんな話をすると「心の器の大きい人はよくて、小さい人はダメ」と感じるかもしれませんが、医師として私が伝えたいのはそこではありません。

私がここで取り上げたいのは「心の器が大きな人になること」ではなく、自律神経を整え、いいコンディションを保つことができる人になることです。

**重要なのは「心の器」の大小ではありません。**

自分の「心の器」の大きさを理解しておくことが何より大切です。

私自身「心の器」の小さな人間です。かつては他人のミスが許せませんでしたし、厳しく叱責したり、声を荒らげることもめずらしくありませんでした。

しかし「自分は心の器が小さいんだ」と理解し、意識するようになってからは「怒らないと決める」とか「気分が落ち着かないときはとにかく片づけをする」「ゆっくり深呼吸をする」などの自分にフィットした対処法を実践することで、徐々に感情がコントロールできるようになってきました。

そのおかげで心身ともにいいコンディションが維持できるようになってきたのです。

別に「心の器」の大きな人になる必要はありません。大切なのは、**自分の「心の器」を理解し、その対処法を決めておく**ことです。

第4章

# 「自分との向き合い方」をリセットする

Reset
34

# 「自分との向き合い方」を考えている人は意外と少ない

コンディションを整える上で「自分とどう向き合うか」は非常に大切です。

**あなたは落ち込んでいるとき、そんな自分とどう向き合うかを考えたことがあるでしょうか。**ほとんどの人はわざわざそんなことを考えたりしません。ただただ気持ちの赴くままに落ち込んでしまうものです。

これこそ、まさに「悪い流れに乗り続けている」状態です。

この章であなたに意識してほしいのは、さまざまな場面や状況における「自分との向き合い方」。

たとえば、自分が落ち込んでいるとき「こういうふうに向き合って、こんなことをする」と決めておくと悪い流れを断ち切り、リセットすることができます。

人生には本当にいろんなことが起こります。望まない異動を命じられることもあれば、思わぬ事態が降りかかってきて落ち込むこと、絶望の淵に沈むこともあるでしょう。

そんなとき私たちは自律神経を乱してしまいます。自律神経が乱れていると感情のコントロールが利かなくなり、思考力も、判断力も低下します。結果として、より状況を悪化させてしまいます。

そんなときこそ「自分との向き合い方」を思い出してほしいのです。

自分との向き合い方と、その対処法をあらかじめ持っておくと、とりあえず「これをやろう」「自律神経を整えるために、こう考えよう」と流れを変えるアプローチができるようになってきます。

また、**自分との向き合い方を意識すると無駄な時間を減らすこともできます。**

ダラダラと流れていってしまう時間、くよくよ悩んでいる時間を減らし、上手にリセットし、次に向かいやすくなるのです。自分の人生を有意義に過ごすためにも、ぜひこの機会に「自分との向き合い方」を考え直してみてください。

Reset 35

# 一つひとつの「小さな達成感」を意識する

**自律神経を整え、常にコンディションをよくするには「細かくリセットする」がとても有効です。**

これはネガティブなことが起こったときだけでなく、何かを成し遂げたときも同じ。きちんと達成感を感じ、しっかりと区切りをつける。そんな意識が有効です。

何かを成し遂げたとき。

こんな表現をすると「大きな仕事を成功させた」「難関試験にパスした」など大きな瞬間をイメージするかもしれませんが、ここでいいたいのはもっと小さな達成感。「明日履いていく靴を磨いた」でもいいですし「不要な書類を捨てた」でも構いません。**普段はエスカレーターを使うのに今日は階段で上った。それも小さな達成感です。**

日常的に飲んでいる薬やサプリメントを「今日も忘れずに飲んだ」でもＯＫ。

そんなふうに「自分が成し遂げた小さなこと」を認め、その都度達成感を味わってみてください。自然に気持ちが前向きになり、その瞬間から体の状態は整う方向へ動き出します。

小さな達成感を意識しながら一区切り。そのときついでに深呼吸をして、体の一部でもストレッチすれば自律神経的にも完璧。

毎日忙しく家事をしている人なら、洗濯物をたたんだときにも小さな達成感を意識して、次にトイレットペーパーを取り替えたなら、そこでもまた達成感で一区切り。

仕事をしているとき「30分集中して仕事をした」なら、そこでも一度しっかりと達成感を味わってください。

そんなふうに小さなリセットを入れつつ常に自分の行為を認めていくと、気分的にも、コンディショニングの観点からも体の状態は整います。

**自律神経にとって一番よくないのはダラダラ続けること。**どんな作業や活動も漫然と続けるのではなく、常に「小さな達成感」を意識してみてください。

Reset
36

# 「イヤなこと」の対処法は「結論を出す」と「それ以上考えない」

日々、仕事や生活をしていれば「イヤなこと」はいろいろ起こってきます。

上司と反りが合わずストレスを感じながら仕事をしている人も多いでしょうし、家族とのいざこざを抱えている人もいれば、地域やＰＴＡなどの人間関係に悩まされている人もいるでしょう。

あるいは「気が重い仕事」を抱えていて、その存在がいつもずっしりとのしかかっている人もいるはずです。

**自律神経にとって非常によくないのは「気になったまま放置していること」**。

気になっている時点で自律神経は乱れていますから、血流は悪くなり、体のコンディションも悪化、感情的にも揺さぶられやすい状態になっています。

ここで大事なのは、まずはしっかり向き合って「とりあえず」でもいいので結論を出すことです。抜本的に解決しなくてもいいので、自分なりの方針を決める。そんなイメージです。

「もう上司の機嫌をとることはやめる」「メールは一日に一回しか返信しない」「この問題は週明けに対処する」「気分の悪い連絡が来たときは既読スルーで返信しない」「仕事だと割り切って、何の反論もしないで手を付ける」などです。

問題自体を棚上げしていると、いつまでも気になるばかり。自律神経を乱し続けることになります。

だからこそ「とりあえず、こうする！」と自分の中でいったん結論を出してしまう。一度結論を出したら、それ以上は考えない。そんな意識を持ってみてください。

自分の中で対処が決まっていない状態だと、いつまでも頭の片隅でくすぶり続けますが、**自分なりに「結論を出した」という感覚があれば、そこでいったん気分がリセット**され、自律神経も整います。

Reset 37

## 流れに逆らわない

モヤモヤした気持ちを抱えたまま日々暮らすことほど自律神経を乱す生き方はありません。今職場がイヤでイヤで仕方がなく「できれば異動したい」「転職したい」と思っている人もいるでしょう。あるいは、まったく望まない部署に配属されてしまった人もいるかもしれません。

そんなとき、思い切って会社を辞めるなど大胆な決断ができる人はそうやって自分で切り開いていけばいいと思います。

でも、世の中そんな人ばかりではありません。

ここで大事なのは「流れに逆らわない生き方」。

私自身、多くの方から「医者として順風満帆ですね」といわれることがありますが、決してそんなことはありません。むしろ挫折ばかりの医師人生です。

もともとは小児外科医だったので、その分野で高みを目指し、研究を進めることを志していました。しかし私よりもはるかに優秀な医師を目の前にして「とても自分が突き詰められる分野ではない」と思い挫折しました。それから医療訴訟の分野に携わるようになりました。多くの医者が見向きもしないと考えられていたような分野です。

そんなことに従事しながら、私は医師になってからずっと続けていた研究の軸「自律神経」の研究をより真剣に継続するようになり、現在のような活動につながっています。**自分の希望からは外れて、外れて、外れた果てに今がある。そんな感覚です。**

挫折ばかりの医師人生で、私が意識してきたのは「流れに逆らわず、だからといって腐りもせず、置かれた場所で咲こうとしたこと」です。どんな人の人生も思い通りにいかないこと、望まない境遇に立たされることはしょっちゅうです。

そんなとき、いつまでもモヤモヤを抱えて暮らすのではなく、スパッと気持ちをリセットして「流れに任せてみよう」と思い直して前を向く。

**しなやかで、悪くない生き方ではないでしょうか。**

Reset 38

# 99％つらいことでも「1％の希望」を見る

私は大学を卒業する直前、足の大ケガをして入院していたことがあります。

学生にとっては一番楽しい時期。進路も決まり、多くの学生は卒業旅行へ出かけていましたから、そんな時期に入院するなんて「自分は最悪だ」と呪っていました。

しかし今振り返ると、入院していたあの期間に私は医師としても、人としても、とても貴重な経験をしたと思っています。

隣のベッドで入院していたのは私と同じくらいの世代の男性。骨肉腫を患っていました。彼自身は自分の病状をそこまで詳しく知りませんでしたが、私は「彼がそう長くは生きられないこと」を知っていました。

結果として、しばらくした後に彼は亡くなったのですが、入院中、私たちは毎晩のように話をしました。彼が小さい頃どんな子どもで、どんな人生を送ってきたのか。そんな話を毎晩毎晩聞いていました。彼と話していてとても印象的だったのは、病状は重くても、常に前向きだったこと。年齢が若く、未来に希望を持っていたこともあるでしょう。

人生におけるほんのわずかな期間でしたが、彼と過ごした時間が私にさまざまなことを感じさせてくれたことは間違いありません。

医者をしていると、絶望的な状況に直面することもたしかにあります。しかし、そんなときでも、できるだけポジティブな面を見つけ「ここの数値はよくなってるね」「昨日に比べて顔色がすごくいいね」など患者さんを勇気づけ、前向きになれるような話し方をするように私は心がけています。

数カ月後に最期を迎えることがわかっていたとしても、絶望しながらその期間を過ごすのと、少しでも希望を持ちながら過ごすのとでは、まったく違う意味があると思うからです。**人生最後の一日だったとしても「終わりに向かって生きる」のではなく、今日できることがある。**そう私は信じています。

Reset 39

## 今を「通過点」だと思えば、希望が見える

定年退職を迎えると、急に元気がなくなって、体の調子もガクっと悪くなってしまう人がときどきいます。定年を「終わり」だと捉えているからこそ、気持ちの張りがなくなってしまうのです。

私は本書で「終わりを目指して生きるのではなく、スタートを目指して生きる」と何度となく語っていますが、言い換えればそれは「今を通過点として生きる」という意味でもあります。

欧米では宗教を心の支えにしている人がたくさんいます。なぜ宗教が心の支えになるかといえば、「死が終わり」ではないからです。宗教では往々にして「死後の世界」を語っていて、仮に今、死を迎えたとしてもそれは通過点に過ぎず、その先の未来が

あります。そう思えるからこそ、最期の瞬間まで未来への希望を持って生きることができるのです。

ここで私は「死後の世界」を語るつもりはありませんが、どんな瞬間も通過点であり、**次に何をするかを考え、ワクワクしながら生きていく**ことはとても大事だと思っています。

作家であり、元東京都知事の石原慎太郎さんは最期の瞬間まで小説を書いていたといいます。新しい作品を書くことを常にイメージし、未来を想像し、希望を持って生きていたのだと思います。

あのくらいの方ですから「自分の最期が近いこと」は知っていたと思います。なんなら、誰よりも自分が一番よく知っていたのではないでしょうか。

でも、そのときに「終わりに向かって、ふさぎ込んで生きる」のか、「常に今を通過点だと思い、未来に向かって生きる」のかでは大きな違いがあります。

どんな状況でも、今この瞬間から未来を描くことはできます。もしかしたら、**人生を前向きに生きる、もっとも大切な「リセットの意識」**かもしれません。

Reset 40

# 「過去の自分」と比較しない

私たちは常にいいコンディションでいることは不可能です。それを目指したいところですが、体にはバイオリズムがありますし、日々生活していればストレスがかかり、メンタル不調に陥ることもあります。

だからこそ、リセットが必要なのです。「悪い流れ」を断ち切り「いい流れ」を生み出す。リセットが上手な人は過去に囚われません。

**仕事でイヤなことがあっても、その日の夜には思考や感情を整理して、翌朝には「違う一日」を始めることができる。**リセットの達人とはそんな人です。

人生全体においても同じです。

若い頃の写真を見たり、若いときの自分を振り返り「あの時代はよかったなあ」「それに比べて今の自分は」と思ってしまう人は流れを上手に断ち切ることができていません。

「若さ」とはそれだけで輝かしいものです。誰だって過去を振り返れば、眩しく見えます。

しかし、そうやって過去に囚われてしまう人ほど人生の現役感がなくなり、早く老け込んでしまいます。同窓会に出席して、思い出話に花を咲かせるのもいいですが、過去ばかりを見ている昔の同級生に一抹のさみしさやわびしさを感じることもあるでしょう。若い頃は若い頃。それはそれで終わりです。

そして、今から新しい人生がスタートします。過去の自分と比較するなど何の意味もありません。若々しい人は常に「新しいスタート」に向かって生きています。

たとえば、**あなたには「これからやりたいこと」「行ってみたい場所」はありますか。**

もし、ちょっとでもイメージできることがあるなら、それを今、始めてみてはいかがでしょうか。そうやって人生を常にリセットしていくことが、日々の充実感につながっていきます。

Reset 41

## 落ち込んでいるときほど「無駄な時間」を過ごさない

誰にでも落ち込むことはあります。

私はよく「小林先生でも落ち込むことがあるんですか」と聞かれますが、「そんなの、いつもそうですよ」と答えています。実際、落ち込むことはしょっちゅうありますし、気分が沈んでやる気が出ないことなんて日常茶飯事です。

ただ、私がいつも思っているのは「落ち込んでいるときほど、無駄な時間を過ごさない」。ここでいう**「無駄な時間」とは「何もしない」こと**です。

落ち込んでいると、ついぼんやり過ごしてしまいがちになります。落ち込む原因となったことをくよくよ、ぐるぐる考えたり、何もやる気がせず、ただぼんやりとしてしまうのです。

自律神経的にいって、これは一番よくない過ごし方。

自律神経にとって「流れ」はとても大事です。つまり、今あなたは「メンタルが落ち込んでいる流れ」に乗っているわけです。ぼんやり無駄な時間を過ごしていると、その流れが続いていくことは間違いありません。

このときこそ大事なのがリセットの意識。具体的には「動く」ことです。

一番いいのは体を動かすことなので「イヤになっちゃうなあ」「どうしてあんなことをいってしまったんだろう」「なんで、うまくいかなかったのか」と落ち込んだときはとにかく散歩に出てください。**物理的に体を動かせば、交感神経が活発に動き出し、血流もよくなり、気持ちも変わってきます。**気持ちも結局は体が生み出している反応なので、動くことが一番。体を動かせる状況でなければ、音楽を聴くのもおすすめです。無理にでもいいから、とにかく音楽を聴いてみてください。

心の健康のバロメーターとして散歩したり、音楽を聴くことができるのであれば大丈夫。本当に気持ちが沈んで、そうしたことすらできなくなったときは、早めに専門家に相談することをおすすめします。

Reset 42

# あらゆる動きを「ゆっくり」にする

**イライラしているときや忙しいとき、人の動きは速く、雑になっていきます。**

職場で周囲を見渡してみると一目瞭然で、イライラしている人はキーボードをものすごいスピードで叩いていたり、エンターキーを大きな音を立てて乱暴に叩いていたりするでしょう。それだけでなく、忙しい人ほど外から帰ってくると、自分の机に乱暴に荷物を置いたり、勢いよくイスに座ったりするものです。

紛れもなく自律神経が乱れている状態です。

ただ、自律神経が乱れること自体は誰にでも起こることなので仕方がありません。

問題は、こうした人たちの動きが必要以上に速くなったり、乱暴になったりすることで、**さらに自律神経のバランスを崩し、コンディションを悪化させている点**です。

イライラしたり、忙しいときほど、すべての動きをゆっくりにする。

**極端なくらい、ゆっくり、丁寧にする。**そんな意識を持ってみてください。

たとえば、トイレに行って手を洗う場面。たいていは無意識にやっている行動ですが、注意深く観察してみると、忙しい人はせわしなく手を洗い、おざなりにハンカチで拭いています。そのとき、ゆっくり丁寧に石鹸で手を洗い、十分に水気を落としてから、ハンカチで拭く。そのハンカチも丁寧にたたみ直してからポケットに入れる。

そんな「ゆっくり、丁寧」の意識を持つだけで、確実に自律神経は整います。

職場だけでなく「少し気分がセカセカしているな」と思うときは歩く速度をゆっくりにしたり、階段を一段一段丁寧に上り下りしてみてください。

上着を脱いでハンガーにかける動作ひとつとっても、「ゆっくり」が大事。丁寧にかけて、クローゼットにしまってみてください。

ゆっくりと丁寧な動作を心がけるだけで、フィジカルも、メンタルもリセットできるものです。

Reset 43

# 一日に1時間「フリーの時間」をつくる

時間管理のコツとして一日に1時間「フリーの時間」をつくるのはとてもおすすめです。

最近は30分ミーティングも増えてきていますし、オンラインコミュニケーションが当たり前になり、従来以上にタイトにスケジュールを組むことが可能になっています。

時間効率がよくなっている点ではすばらしいことです。

一方で、**何か小さなトラブルが起こるとなかなかリカバリーができません。**日々、なんの問題もなく予定が進んでいれば問題ないのですが、現実にそんなことはあり得ません。会議がちょっと長引くこともあるでしょうし、想定していたより自分の仕事が進まず、時間内に終わらないこともあるでしょう。

すると、だんだんと焦ってきます。次の予定は詰まっていますし、次の予定に影響が出ると、次の次の予定にまで影響します。

そうやってトラブルの連鎖が起こってくること自体も問題ですが、そうした状況だと「ああ、どうしよう」「今日やろうと思っていた仕事ができない」「夕方に予定しているミーティングには絶対遅れられないし……」などいろいろなことを考えなければならなくなります。この状態がもっとも自律神経を乱します。

そこで効いてくるのが「フリーの時間」。一日に1時間「フリーの時間」があれば、ずれ込んだ予定をそこでリカバリーできます。トラブルが起こった瞬間に「フリーの時間でリカバリーしよう」と即座に思えることが何より重要。そう思えれば、安心して目の前の仕事に集中することができます。

**実際には夕方の4時～5時あたりにフリーの時間を設定**しておくと、リカバリーが必要なときはその時間を使えばいいですし、何もないときには片づけをしたり、クールダウンをすると、一日の終わりに上手なリセットが可能になります。

Reset 44

# 「何もする気がしない人」はとにかく立ち上がる

休みの日は一日中ぼーっとしていた。思い当たる方も多いでしょう。

しかし、自律神経的に、これはおすすめできません。ぼーっとしているとなんとなく体や心が休まるイメージを持つかもしれませんが、それだけでは疲れが抜けないどころか、かえってぐったりしてしまうこともあります。

**人の体は構造的にぼーっとしていても血流はよくなりません。**血流が悪い状態で、疲れが取れたり、リフレッシュできたりすることはあり得ません。

気分や体のコンディションをリセットしたいならば、むしろ動くことが大切です。

こうしたことをいうと「でも、何もする気になれないんです」という人がいますが、そんな人はなにはともあれ、まず立ってください。

「何もする気がしない」人は例外なく、座ったり、横になったりしています。その状態でいると、いつまでも動き出すことができません。

ここでの対処法はまず「立つ」こと。

座ったまま「どうしようかな」「片づけでもしようかな」「散歩でも行こうかな」と考えていても、ほぼ間違いなく行動に移せません。なので、まず立つ。**立った状態で「何をするか」を考えてください。**

これほどシンプルな対処法はありませんが、横たわったり、座っている状態から立ち上がれば、それだけで血流はよくなりますし、立ち上がってしまえば「台所の片づけをしよう」とか「本棚の整理でもしようか」と動き出せるものです。

よく新幹線や飛行機の移動中にぼんやり過ごしてしまう人がいますが、あれもかえって疲れを増大させてしまっています。基本的には「移動中は何かをする」と決めておいたほうがいいコンディションを維持できます。

移動中にぐったりしてしまう人はいったん立ち上がり、トイレにでも行くと、それだけで小さなリセットができます。

Reset 45

# 夜8時以降はスマホを見ない

現代の生活にスマホは必要不可欠です。多くの人が一日に何時間も、何十回もスマホの画面を見ているでしょう。

仕事の連絡がひっきりなしにスマホに入ってくるので「スマホを見ないようにする」のは現実的に不可能。私もスマホなしでは仕事も、生活も成り立たない状況になっています。

スマホとのつき合い方で一番よくないのは夜遅くまでダラダラ見てしまうこと。

スマホの画面を見ていればそれだけ目が疲れますし、**入ってくる情報に脳が反応して交感神経が高まります**。すると、夜の休息モードに上手にシフトチェンジができず、結果として睡眠の質を落としてしまいます。

ちなみに、私は昼間は常にスマホを見ています。仕事上必要なので、それは避けられません。しかし、家に帰ってきたら、スマホは一切見ません。緊急の連絡用に電話の音だけは鳴るようにしていますが、**それ以外はすべて明日に持ち越すと決めているのです。**

実際のところ、本当に緊急の用事なら、メールやラインをして反応がなければ電話をかけてきますし、SNSやネットニュースの情報は「必ず、今必要」なんてことはあり得ません。それなのに現代人はついダラダラとスマホを見てしまいます。

ほとんど依存症の状態ですが、それによって体のコンディションを崩していると考えれば、こんなにもったいない話はありません。

また、スマホによって常にコミュニケーションが続いていると、一日の終わりのリセットが上手にできません。

「家に帰ったらスマホは見ない」くらいが理想ですが、さすがにそれがむずかしい人は「夜8時以降は見ない」などのルールを決めることをおすすめします。**あきらかに生活のリズムが変わります。**

# Reset 46

# 「ストレス分類法」で思考と気持ちを整理する

ストレスとの向き合い方について、私はよく「紙に書き出すこと」をおすすめしています。ストレスが大きくなったり、長く続くのは頭の中でくよくよ考え続けているためです。ここでのキーワードは**「モンスター化させない」**です。

紙に書き出すことで多少なりとも思考が整理され、気持ちは落ち着いてきます。少なくとも「モンスター化」は止まります。その時点でかなり効果が出ていますが、一歩進んで「書き出したストレス」を４段階でランク付けしていきます。

- **とても大きく、常に心の負担になっている「ストレスレベル４」**
- **まあまあ大きく、気にしないではいられない「ストレスレベル３」**

・気にはなっているけれど、負担とまではいえない「ストレスレベル2」
・それほどダメージのない軽いモヤモヤ「ストレスレベル1」

書き出したストレスをぜひランク分けしてみてください。それほど深く考えず、直感的に評価して構いません。

すると、さらにもう一段階思考は整理されます。

たとえば「ストレスレベル1」や「ストレスレベル2」は、頭の中でぐるぐる考えていたうちは自律神経を乱す要因となっていましたが、書き出してランク付けしてみると「それほどのことではない」との自分なりの受け止め方がクリアになります。

そもそも**ストレスとは「起こった事実」によって引き起こされているのではなく、「それにどう反応しているか」によって起こるもの。**自分の中でどんどんモンスター化してしまうのです。

逆にいえば「たいしたことないか」と思えた瞬間から、それはもはやストレスでなくなってきています。

Reset 47

# 「9つの解決法探し」でストレスは縮小していく

「ストレス分類法」で4段階にランク付けすると、もうひとつ大きな効果があります。それは「向き合うべきストレスが見えてくる」こと。

人間は頭の中だけで考えていると、一つひとつの要素を上手に比較することができません。その点、書き出してみると比較、分類が一気に進み、「ああ、これが自分にとって大きなストレスになっているんだ」と自分の心を再認識することができます。

そうやって「自分が向き合うべきストレス」「自分を深く悩ませているストレス」が見えてきたら、そこでもまず進歩があったことを理解してください。

**状況は何一つ変わらなくても「これが私を苦しめているストレスなんだ」とはっきりするだけで気持ちの整理がついてきます。**そんなふうに客観的に捉えられるようになった段階で、自律神経は確実に整っています。

そして次に「向き合うべきストレスの解決方法」を（思いつくレベルでいいので）3つ考えて書き出します。

書き出したら、ぜひそれをひとつずつ実行してみてください。ひとつの方法で「絶対ストレスを解消してやる！」と意気込むのではなく、一つひとつ淡々と試してみるくらいの感覚でやってみるのがポイントです。

それでも解消しない場合は、次の3つを考えてまた実行してみる。それもダメだったら、さらに次の3つを考えて実行してみる。

そうやって「9つの解決法探し」をしていれば、何かしらの変化が起こっているものです。それで解決しないストレスは、もはや「あなた自身ではどうすることもできないもの」です。

でも、それでいいのです。「これは私にはどうすることもできないんだ」と思えれば、じつはそれで気持ちの整理はついています。**現実に解決するかどうかより、あなたの気持ちに変化があれば、それが何よりの効果です。**

第5章

# 「仕事との向き合い方」をリセットする

Reset 48

# コンディションを「その日任せ」にしない

第5章では仕事において、いかにして自律神経を整え、コンディションをよくするかを考えていきます。

**仕事のパフォーマンスを高めるためにも「リセットの意識」は大切です。**

たとえば、集中力が上がらない日が誰にでもあるでしょう。そんな日を気合いで乗り切ろうとしても限界がありますし、反対に「ああ、今日はもうダメだ」と一日を無駄にしてしまうのも考えものです。

そんなとき自律神経をリセットする方法を知っていれば、悪い状態を断ち切り、いい流れを生み出すことができます。

そのひとつが「仕事時間の区切り方」。これを変えるだけでも集中力は大きく変わってくるものです。

多くの人が意識的に時間を区切らず、なんとなく仕事をして、疲れたらちょっと休む。そんなやり方をしていると思います。それでいて「今日は乗っている」「今日はあまり集中できない」などといっているのです。

それでは自律神経を安定的に整え、自分をいい状態に保つことができません。その日のコンディション任せに仕事をしているだけです。しかし、コンディションのいい日と悪い日によって時間の区切り方を変えたり、朝の習慣を少し変えたりすることで「常にいい状態で仕事モードに入ること」が可能になります。

**意識的にリセットすることでコンディションのいい日を増やしていく。**その日任せにするのではなく、自ら状態を整えていく。すると、安定的に高いパフォーマンスを発揮できるようになっていきます。**一流のアスリートがやっているコンディショニングの考え方**です。

時間管理に限らず、環境の整備や流れを見直すアプローチなどさまざまな方法を第5章では紹介していきます。

Reset 49

# 朝、家で「20分でできる仕事」を一個だけやる

一日の仕事のリズムをつくるために「朝、家で一個だけ仕事をしてしまう」のはとてもおすすめの方法です。

誰でも経験があると思いますが、日々仕事をする上でもっともやっかいなのが「どんなふうに取り組み始めるか」です。**流れに乗ってしまえば案外うまく進むのに、その一歩目が上手に踏み出せない。**そんな話をよく聞きます。

朝、家を出てから会社に着き「さあ、仕事を始めよう」となるまでに、小さなストレスを感じる場面は多々あります。満員電車で不快だった、雨が降っていて濡れた、暑くて汗をかいてしまったなどさまざまなネガティブ要因が降りかかります。

そんな状況でいざ仕事を始めようとしても、なかなか「いい流れ」は生み出せませ

ん。その点、家で一個だけ仕事をするなら、常に安定した状況で取り組むことが可能なので、自分のペースで始めることができます。

ここで大事なのは20分程度で終えられる仕事をすること。

そもそも、そんなに長く続けるわけにはいきませんし、朝、家でやる仕事はあくまでも「スムーズに仕事モードに入り、いい流れをつくること」が目的です。

私の場合は、ちょっとした原稿チェックをしたり、当日の会議の資料を確認したりするようにしています。

これをすると、通勤中も頭脳が適度に仕事モードになっているので、職場に着いてから「何をやるか」「何から手をつけるか」が明確になっています。

もうひとつおもしろいことに、**思考が「仕事モード」になっていると、通勤中のあれこれが案外と気にならず、ストレス要因にならない**のです。

その日の仕事のコンディションは「仕事モードの入り方」で決まります。

だからこそ、自分がコントロールできる範囲で「その日の仕事」を始めることがとても効果的なのです。

Reset 50

# イヤな仕事ほど「このタイミングでやる」と決める

誰にでも「イヤな仕事」「憂鬱なタスク」はあるものです。

そういう仕事はつい先延ばしにしてしまいがちですが、自律神経の観点からいっても、先延ばしにしていいことはひとつもありません。

まず「あれをやらなきゃ……」といつも気になっている時点でストレスになり、自律神経は乱れます。今、目の前で取り組んでいる仕事の集中力は落ちますし、ただでさえ「やりたくない仕事」なのに「やらなきゃいけないのに、やっていない」の状況が二重のストレスになります。

そこでまず「この仕事は○○のタイミングでやる」と決める。これがとても大切です。今週、火曜日の朝から必ずこの仕事をやってしまう。たとえば、そう決めることです。

これには2つの意味があって、まず「火曜日の朝にやる」と決めてしまえば「やらなきゃいけないのに、やっていない」の呪縛から逃れられます。火曜日の朝になるまでは一切考える必要はありません。その時点でひとつストレスはなくなります。

さらに、人間の意識とはおもしろいもので「いつか、やらなきゃ」と思っているとなかなか手がつけられないものでも「ここでやる」と決まってしまえば、それに向かうことができます。

仕事自体も負担ですが、じつは「決まっていない」「やらなきゃやらなきゃ」の状況こそが不安や心配を生み、結果として自律神経を乱しています。

**「ここでやる」と決めた瞬間から、気持ちが落ち着き、それだけで自律神経も整ってきます。**決まっているからこそ「どうしようかな」「やろうかな」「やらなきゃいけないよね」などの迷いがなくなり、結果、体のコンディションもよくなります。体のコンディションがよいときは、往々にして「イヤな仕事」にも取り組みやすくなるものです。

Reset 51

# 「120%の準備」をする

外科の世界では「すべては準備で決まっている」とよくいわれます。並の外科医は70%の準備をして、一流の外科医は100%の準備をします。そして、超一流と呼ばれる人は「120%の準備」をします。

120%の準備とは何か。

端的に表現するなら**「想定外の出来事を徹底的に排除していくプロセス」**です。

たとえば、会社にやってきたお客様に冷たいお茶を出すとします。冷蔵庫からペットボトルのお茶を取り出し、ガラスのコップに注ぐ。それをお客様のところまで持っていく。

そんな流れをイメージして必要なものを準備しておきます。お茶は十分に残っているか。コップはきれいに洗ってあるか。そんな確認を十分にしておくことが100%の準備です。

しかし、一流の外科医になると「コップにひび割れがないか」「もしコップが足りなくなったときの予備はあるか」など想定外を徹底的にイメージして、排除しておきます。それが「120%」の準備です。

「そんなことを言い出したらキリがない」と感じる人も多いでしょう。たしかにその通りです。しかし、そのレベルまで徹底的に想定外を排除しているからこそ、超一流となり得るのです。

そもそも、超一流の人はどうしてそこまで準備するのか。

それは現場で焦らないためです。言い方を変えれば、**現場で自律神経を乱し、パフォーマンスを下げないためです。**超一流の人を見て、よく周囲は「あの人はいつも落ち着いている」「冷静で、的確な判断ができる」といいます。

しかし、想定外のことが起こって自律神経を乱さない人などいません。**超一流とは決して「焦らない人たち」ではなく、そのための準備を怠らない人たち**なのです。

Reset 52

## ミスが起こったら「流れ」を見直す

誰でもちょっとしたミスをすることはあります。

取引先との大事な打ち合わせがあるのに必要な書類を忘れてしまった。データのチェック漏れによって、重大なミスを見逃したままメールを送信してしまったなど、多かれ少なかれミスは誰にでもあるものです。

そんなとき大事なのは「流れを見直すこと」です。

本書で繰り返し述べている通り、人間は「流れに乗るのは得意」な生き物です。

仕事でも何でも、流れができていると楽に、スムーズに進めることができますが、流れに問題がある場合は逆にこれがやっかいです。


**自分なりの「準備の流れ」「仕事の流れ」ができてしまっていると「ミスがないよ**

うに注意しよう」と思っても、流れに乗ってまた同じミスをしてしまうものです。

ちょっとおかしな例ですが、じつは詐欺サイトこそ「無意識の流れ」を悪用しています。メールを送りつけてきて、そこに貼ってあるリンクを踏ませて、あたかも「本物のような偽サイト」に誘導する詐欺の手法があるでしょう。

これは「メールに貼ってあるリンクをクリックする」という行動の流れを利用した手口です。この場合「気をつけよう」と注意するだけではまず防げません。

ここで大事なのは「流れを見直す」です。

たとえば「メールに貼ってあるリンクをクリックするのではなく、必ず一度は検索サイトで検索し、そこから入る」というように「流れ」を変えることが必要なのです。

仕事のフローもまったく同じで、ミスが起こった場合には「流れを見直すこと」が重要です。忘れ物をしないためにどんな流れが必要なのか。データミスを確認するために必要な流れとはどういうものか。

ミスが起こったときほど「気をつけよう」と意識にアプローチするのではなく、「流れ」を見直すことです。

Reset 53

# 「前の役割」にしがみつかない

以前、私が出会った患者さんにこんな人がいました。

若くして事業を成功させた経営者なのですが、メンタル不調になり、うつを発症している状態でした。

詳しく話を聞いてみると「自分がいなくても会社が回るようになってきて、それがストレスになっている」といいます。会社を立ち上げた当初は、自分がいなければ何も決まらないし、何も進まない。そんな状況で忙しい日々を過ごし、少しずつ成功を収めて現在がある。

だからこそ、常に「この会社には自分がいなければダメだ」との意識があったそうです。

ところが、最近は事業の状況も落ち着き、軌道に乗って「自分がいなくても回るようになってきた」わけです。

その現実を受けて、気持ちが落ち込み、うつになってしまいました。

その人に限らず**「自分の存在感」や「存在の大きさ」が変わってしまうことに落ち込み、うつになる人はけっこういます。**

しかし、組織であれ、何であれ環境は常に変わっていきますし、「自分の存在感」や「役割」が変わっていくのは必然です。

大事なのは「前の役割」にしがみつくのではなく、**自分なりに「新しい役割」を見つけ出していく**ことです。まさに「ゴールを目指して生きる」のではなく、常に「新しいスタートを目指して生きる」発想です。

組織で長く働いている人（あるいは、すでにリタイアしている人）の中には「自分の存在感」や「役割」の変化を痛感している人も多いでしょう。

でも、それは決して嘆くことではなく、次のスタートへの好機。変化に抗うほうが確実にストレスは大きいので、ぜひ次のスタートへ意識を向けてみてください。

Reset 54

# とにかく「10分」やってみる

最近、仕事をしていても集中力が長く続かなくなってしまった。そんな悩みを抱えている人も多いのではないでしょうか。

季節によっても自律神経の乱れ方は変わってくるので、たとえば春は体の状態が整いにくく、「なんとなく気分が晴れない」「集中できない」などの悩みは増えてきます。また、2月はメンタルが落ち込みやすいというデータもあります。

そうした集中力が続かない状態のときにおすすめなのが、「時間の区切り」を変えること。

まず、はっきりとした時間の区切りをつけずに仕事をしている人は**「45分仕事をして15分休む」とか「50分仕事をして10分休む」など区切りを決めて、そのリズムで仕**

事をしてみてください。

意識的な時間管理を日常的にやっていると、「調子がいい日」と「悪い日」で自分の状態をコントロールしやすくなります。

とりわけ集中力が下がっている日は「集中してがんばろう」と気持ちを奮い立たせてもなかなか変化は起こりませんが、「あと20分なので、そこまでやろう」と意識が具体的になると、意外と目の前の作業に集中しやすくなります。

それでもむずかしい人は「とにかく10分やる」を繰り返すことがおすすめです。

仕事を始めるとき「とにかく10分やる」を意識して、取りかかってみてください。

10分やってみて、あまり集中できなければ、休憩して、深呼吸やストレッチをして、また「とにかく10分」やってみる。

それを繰り返しているうちに、少しずつでも集中力はアップしてきます。

**スポーツの試合でも「残り10分」はどんなに疲れていても集中力が上がる**ものです。

「10分の魔法」はけっこう効果があるものです。

Reset 55

# 「心・技・体」の「心」にアプローチしない

前著『整える習慣』の中に「『心・技・体』で最初に整えるべきは『体』」という項目があります。ベースとなるのは自分のコンディションなので、とにかくまず体の状態を整えましょう。そんなメッセージです。

私は自律神経の専門家としてこんな質問を受けることがよくあります。

「緊張しないためにどうすればメンタルを鍛えることができますか」

メンタルを鍛えることができない、とはいいません。スポーツコンディショニングの領域でもメンタルを鍛えるアプローチは盛んに研究され、実践されています。

しかし、一般的なレベルでシンプルに考えるなら、**「技」をレベルアップさせるほうが大事**だと私は考えています。

たとえば、練習ではいつもうまくピアノが弾けるのに発表会になると緊張してミスをしてしまう。

そんなケースではつい「どうしたら緊張しないか」を考えたくなりますが、「心・技・体」の「心」にアプローチするのはもっとも効果の出にくい方法です。**100回練習しても本番でミスをしてしまうなら、1000回練習する。**目をつぶってもミスをしないレベルになるまで技を磨く。

そんなアプローチのほうが現実的です。

仕事の現場でも「プレゼンをするときには緊張してうまく話せない」「偉い人の前では自分の意見が上手にいえなくなってしまう」などの悩みを耳にしますが、徹底的に技の練習をしている人は案外いません。伝えるべき内容を暗記してしまうほど練習するとか、自分の声を録音して何度もチェックするなど、具体的な技術の向上を徹底したほうが結果の変化は出やすいです。

「心」へのアプローチに比べて「技を鍛える」のは具体的で、効果が出やすいですし、**そうやって身につけた技術が結果として「心の余裕」を生む**のです。

Reset 56

# ミスを減らす「5つのポイント」

以前、大学のあるチームで「ミスをなくすにはどうしたらいいか」というユニークな研究をしていました。**ミスと自律神経は密接につながっています。**

人は誰でもミスをするので完全になくすことはできませんが、事前の意識によって減らすことはできます。

ミスとは大別すると次の5つの要素によって起こりやすくなります。

**①環境が悪い**
**②体調が悪い**
**③自信がない**

④予想外のことが起こる

⑤余裕がない

つまり、「この5つが起こっていないか」をチェックすることでミスを減らすことができます。

たとえば、雨が降っている日。その時点で「環境が悪い」わけです。雨で足下がすべりやすくなっていると意識できれば「どうしたらいいか」を考えることができます。すべりにくい靴を履くとか、階段の真ん中を歩いているとバランスを崩したときとっさに手すりを持つことができないので、階段の端を歩くようにする。そんな単純なことで構いません。

そのほか「予算が少ない」「時間がない」「メンバーが悪い」など、考えられる「環境の問題」を想定し、いかにその影響を受けにくくするか。その視点を持つだけでミスは軽減していきます。

Reset 57

# 体調の悪さが招く「ミスの可能性」を考えておく

続いては「体調が悪い」について。

どんな人でも「なんとなく気分が優れない」「じんわりと頭が痛い」「お腹の調子が悪い」など体調の悪い日があります。この時点で自律神経は乱れていて、コンディションが良好とはいえません。

そのときに少しだけ想像力を働かせて**「体調が悪いことで、どんな状況が起こり得るか」**を想定してほしいのです。体調が悪ければ、移動中の歩く速度が遅くなったり、通勤途中で休みたくなったり、トイレに行きたくなるかもしれません。それだけ時間の余裕がなくなる可能性があるわけです。

そうしたことを想定して少し早めに家を出る。そんな方法でミスを減らすことができます。

また、急に体調が悪化して「参加予定だった打ち合わせに参加できなくなるかもしれない」「今日中に送らなければならない資料を送れないかもしれない」など「起こるかもしれないこと」を想像しておくのです。

同時に「打ち合わせに参加できなかった場合はどうするか」「資料を送るために必要な手配は何か」などを考え、決めておきます。

**すると、実際に体調が悪化したとき、迷わずに行動することができます。**

体調が悪化した状態で「どうしようか」を考えても、的確な判断ができる可能性は低いです。

だからこそ、「ちょっと体調が優れないな」と感じている段階で、次のリスクと対策を考え、決めておくのです。

体調そのものは即座に改善しないかもしれませんが、これだけでも気持ち的にはかなり楽で、さらに自律神経を乱すことは回避できます。

Reset 58

# 迷ったら「傘」と「上着」は持っていく

常にいいパフォーマンスを発揮するために、私は「迷ったら、傘と上着は持っていく」と決めています。

「傘」と「上着」と「パフォーマンス」を関連づけている人は少ないでしょうが、医学的な見地から見て、**外出中に寒さを感じているときは確実に自律神経は乱れていきます**し、体調は悪くなります。

もちろん暑いのも問題ですが、暑い場合はその場で脱ぐことができますが、寒さに関しては「備え」がなければ対応できません。

だからこそ、「もしかしたら邪魔になるかもしれないな」と思っても傘と上着は持っていくようにしています。

これはメリット・デメリットの比較の問題で、もし雨が降らなかったり、寒くならなければ傘や上着は邪魔になります。「余計な荷物を増やしてしまった」という状況です。

しかし、もし寒くなったり、雨に濡れたりしたら、体は冷え、体調は悪くなります。本書の冒頭で「悪い流れ」が始まってしまうと、いかにその影響が続いていくかを説明した通り、ダイレクトに体の調子が悪くなる可能性はできる限り排除しておくほうがいいでしょう。

そういう意味では、夏場に汗をかくことを想定して着替えを用意しておくのもおすすめの備えです。汗をかいたまま冷房の効いた車内や室内に入ると、体は一気に冷えてしまうからです。

持ち物が増えるわずらわしさを嫌って、「我慢すればいい」と思っている人も多いかもしれませんが、それでパフォーマンスを落としたり、ミスを誘発したりするとすれば、デメリットが大きすぎます。直接体調に影響する可能性があるならば、備えておくに限ります。**コンディショニングの基本**ではないでしょうか。

Reset 59

## ひとりに責任を負わせすぎない

「自信がない」状況はたしかにミスが起こりやすくなります。

しかし、本書でも取り上げているように「自信を持つためにメンタルを鍛えよう」というアプローチはあまり現実的ではありません。

起こりそうな状況を徹底的に想定して「120％の準備」をするとか、「心・技・体」の「技」の部分を向上させる練習をするなど、メンタル以外の部分にアプローチするほうが効果的です。

ここでは少し視点を変えてマネジメントの話に触れたいと思います。たとえば、自信のない部下が「できるだけミスをしないようにする」にはどうしたらいいか。そんな話です。

以前、サッカーのPK戦のとき「どうしたら選手のミスを減らせるか」と聞かれたことがあるのですが、私の答えは**「監督が蹴る方向を決めてしまう」**です。

キーパーと駆け引きをして、自分の実力で決められる選手は問題ありません。いわゆる「自信のある選手」です。

しかし、自信のない選手は蹴る直前まで「どっちに蹴ろうかな」「ミスしたらどうしよう」「自分のせいで負けてしまうかも」などいろんなことを考えてしまいます。結果、集中力も下がり、ミスをしてしまいます。

その点、監督から「おまえは右、おまえは左、おまえは真ん中に思い切り蹴れ」といわれていれば、迷わずに蹴ることができます。

自信のない人に責任を負わせすぎると、確実に自律神経は乱れ、ミスの確率は上がります。仕事の場面でも、自信がない部下には「あなたの責任ではないから、思いっきりやればいい」と「責任のなさ」を伝えてあげることが効果的です。

よく「失敗してもいいから」と伝える人がいますが、**「失敗はあなたのせいじゃない」の部分を伝えてあげなければ、気持ちは楽になりません。**

Reset 60

# ミスを減らすマネジメントは「不安を減らす」が基本

リーダーやマネジャーにとって「部下のミスを減らす」「部下のパフォーマンスを高める」のは大事な仕事です。

自律神経の専門家としていえることとは、とにかく「不安をなくしてあげること」。マネジメントにおいて、これがもっとも大切だと私は考えます。

不安があれば緊張しますし、緊張していると普段の能力が発揮できないばかりか、思わぬミスにもつながります。

サッカーのＰＫの話も同じで、もし部下が不安に感じている部分があるなら、それを取り除いてあげることがもっとも現実的なマネジメント。仕事の手順を理解していない部下がいるなら、細かく手順を指示することで不安を軽減させてあげることが必要ですし、結果・成果に不安を感じているようならば「このくらいのところまでできればOK」と安心できるラインを提示することも有効でしょう。

もちろん、仕事や職場によっては緊張感を求めたり、発破をかけることが必要な場面もあるでしょう。

しかし、多くの現場では緊張を強いるより、不安を取り除き、エンカレッジする（励ます・勇気づける）ことが求められます。

私が知る限りでも外科手術の最中にスタッフを怒鳴りつける医師もいましたが、私は絶対にやりません。理由はいたってシンプルで、怒鳴りつけても患者さんのためにならないからです。

その場で怒鳴ったり、プレッシャーをかけたところで能力は上がりません。

むしろ、**心地よく、リラックスして仕事に臨んでくれたほうが安定したパフォーマンスを発揮してくれます。**ただ甘やかすのではなく、いかにして不安を取り除き、部下自身の自律神経を整えた状態で仕事に臨ませるか。優れたリーダーやマネジャーほど、その本質を理解しています。

Reset 61

# 玄関に「酒と亀」の張り紙をする理由

私は玄関に「酒と亀」（サケトカメ）と書いた張り紙を貼っています。

これは「財布」「携帯」「時計」「カギ」「名刺入れ」の頭文字で、出かけるときに忘れないようにするためです。

もちろん「忘れ物防止」が一番の目的ですが、なぜそんな小学生のような張り紙をしているかというと、たとえば寝坊をして、急いで家を出るときにでも確認できるようにするためです。

寝坊をする。これもひとつのミスですが、ここでより重要なのは寝坊をしたことで「予想外のことが起きている」「余裕がなくなっている」など**「ミスが起こりやすい要素」が増えている**点です。

そういうときはさらなるミスが起こりやすくなっています。言い換えれば、ここですでに「悪い流れ」が始まっています。

寝坊して急いで家を出てくれば、忘れ物の可能性も上がっていますし、駅に着いたとき「あれ、携帯持ってきたっけ?」「名刺入れは忘れていないかな」など気になります。そう思った瞬間、さらに自律神経は乱れ、コンディションが悪くなっていくのは前述した通りです。

しかし、一瞬でも玄関の張り紙を見て「サケトカメ、忘れ物はないな」と確認できれば、そこでわずかに安心できます。**寝坊して余裕がないのはたしかですが、そこで一瞬でもリセットできる**のです。

玄関の張り紙は簡単な話ですが、ここでのポイントは「想定外を想定しているか」です。「120%の準備」にもつながってくる話です。

コンディショニングにおいても、ミスを減らす工夫としても、とても大事な視点です。「想定外を想定できている人」は超一流の素質があります。

Reset 62

# 一日に「3つの予定」を入れない

仕事において時間管理は重要です。

たいていの人は「その仕事をどのくらいの時間でできるか」「どの時間が空いているか」「いつまでにその仕事をするか」などの観点で時間管理をしています。

そこにぜひ加えてほしいのが**「コンディションよく仕事をするために、どんな時間管理をすればいいか」の視点**です。

これはあくまで私のケースですが「一日に3つの予定を入れない」を時間管理の基本にしています。

通常の病院業務とは別に、医師会の会合、大学での会議や打ち合わせ、メディア出演、取材、講演などさまざまな仕事があるのですが、私の場合、（病院業務以外で）

一日に2つの予定が入っている場合は非常にコンディションよく、余裕を持って行うことができます。しかし、これが3つ以上になると、余裕がなくなり、気持ちもセカセカして、パフォーマンスも落ちてきます。

そのせいで翌日の準備が不十分になったり、一日の中でリセットやリフレッシュをする時間がとれなくなったりします。

きっと多くの人が「ベストな時間管理」に比べて「ちょっと無理すれば、できるかな」というスケジュールで、仕事や作業を入れてしまっていると思います。

状況によってそうせざるを得ない場面もあるでしょうが、**「まあ、今回は仕方がないか」「ここは無理してがんばろう」が積み重なると「コンディションよく働けない状況」が常態化してしまいます。**

まずは自分が「コンディションよく働ける時間管理」を理解すること。そして、そのベストな状態をベースに「自らの時間管理」を見直してみてください。

パフォーマンスが上がれば、あなたへの信頼度も変わり、評価も変わってきます。健康維持の観点からも大事な意識です。

Reset 63

# 長い休みが明ける前日にやっておく「3つのこと」

年末年始やお盆休み、最近はゴールデンウィークや9月の連休も含めて長い休みを取るケースが増えてきました。

休み明けはどうしても「やる気になれない」「仕事モードに入れない」「休みボケが抜けない」などの声をよく聞きます。休みモードの生活を何日も過ごしていると、リセットがむずかしいのも事実です。

実際、休み明けの日からスイッチを入れ替えようとしても、なかなかうまくはいきません。「流れを変える」のはそもそもむずかしい作業なのです。

そこで着目してほしいのはその前日。前日に、次の3つをやることで、上手に「仕事モード」にリセットすることができます。

ひとつ目は**「起きる時間を戻す」**です。休日はどうしても通常よりは起きる時間が遅くなりがちです。それが3、4日でも続いたら、体内時計は少しずつ狂ってしまいます。なので、せめて前日には「通常の起きる時間」に起きる。これは絶対にやっておいたほうがいいでしょう。

2つ目は**「休みの最終日は準備の日にする」**です。たとえば、大型連休で旅行へ行ったり、遠方の実家へ帰ったりしていても、前々日には帰ってきて、前日は「準備日」にあててください。できたら、身の回りの片づけをしたり、仕事用の服や靴、資料等の整理をしておくといいでしょう。

3つ目は、近くのカフェでも、ファミレスでもどこでもいいので、**「ちょっとだけ出かけて少し仕事をする」**ことです。パソコンを持って何かしらの作業をするでもいいですし、資料やメールを読むだけでも構いません。1時間程度でもいいので、前日に少し仕事をしておくのは準備としては最適です。

大きな休みが明ける前日に「起きる時間」「身の回りの整理」「ちょっとだけ仕事」の3つをやっておくと、翌日は確実にいい状態でスタートすることができます。

第6章

# 「人との向き合い方」をリセットする

Reset 64

# 自分を大切にしながら、相手も大切にする

自律神経を整え、いいコンディションで日々を過ごすには人間関係がとても重要です。**ストレスの9割は人間関係。**私がよくいう言葉ですが、人間関係がよくなれば、ストレスが減り、肉体的にも精神的にも状態は整ってきます。

第6章で語るのは、そんな人間関係について。

コロナ禍で人との距離感は大きく変わりました。ソーシャルディスタンスによって「人と触れ合う距離」そのものも変わりましたが、飲み会や食事会が減り、コミュニケーションの頻度も形も一変しました。

かつては頻繁に会ってお茶をしたり、食事をしたりしていた相手ともあまり会わなくなって、それから関係が復活していない。そんな人も多いのではないでしょうか。

これを機に「人との向き合い方」を一度見直してみる。そんな提案をしていくのが第6章です。

「人との向き合い方を見直す」というと「苦手な人と距離を置くこと」をすぐにイメージする人が多いかもしれません。もちろん、それも自律神経を整えるために必要な要素です。これまでなんとなく「我慢してつき合ってきた人」に対して、本当にその向き合い方でいいのか。もっと適切な線の引き方はないのか。そんなことも考え直してほしい部分ではあります。

しかし、一方で「久しく連絡していない人へ連絡してみる」「相手への感謝の思いをきちんと伝える」など、よりポジティブな側面での「人との向き合い方」も考え直してほしいのです。

人間関係はもっとも大きなストレス要因なので、そこを見直し、リセットすることはコンディショニングに大きな影響があります。**ぜひ、いい意味で「人とのつき合い方」をリセットしてみてください。**自分を大切にしながら、相手も大切にする。そんなかかわり方ができれば、お互いの自律神経は整うものです。

Reset 65

# イヤな相手とは物理的に「タッチする時間」を減らす

どんな人にも「嫌いな人」「苦手な人」はいるものです。職場に「苦手な人」がいれば、それだけで自律神経は乱れ、パフォーマンスは下がってしまいます。

自分から会社を辞めたり、異動を願い出たりすることができればそれに越したことはありません。しかし、なかなかそうもいかない人は多いでしょう。

ここでは**180度違う「2つのアプローチ」**を紹介します。

まず「嫌いな人」「苦手な人」とはできる限り、タッチする時間を減らす。物理的にかかわる時間を減らしていくアプローチです。

ランチや飲み会など、その人がいる席には（自分がどうしても参加しなければならない状況でない限り）行かない。相手にどう思われようが、周囲に何をいわれようが、とにかくそのスタンスを貫く。これもひとつの方法です。それがあなたの「軸」となれば、ストレスは劇的に減るでしょう。

仕事上でも、必要最小限のコミュニケーションしかしない。

**どうしたら、物理的にかかわりを減らせるか。そこに注力してみてください。**

世の中によくある人間関係の問題を見ていると「変な気を遣って、苦手な人とのかかわりを増やしてしまっている」ケースがよくあります。

この場合、苦手な人との「かかわりそのもの」がストレスになるのに加えて「どうしてあんな席に行ってしまったんだろう」「どうしてあんなコミュニケーションをとってしまったんだろう」「相手のことが嫌いなのに、なんでご機嫌をとるようなことを口にしてしまったんだろう」と自分の言動に腹が立ち、ストレスを増幅させてしまうことがめずらしくありません。

そうならないためにも、とにかく「タッチする時間」を減らす。

それだけを意識していると、思っている以上に「ストレスのあるかかわり」は減らせるものです。

Reset
66

# 積極的にかかわって「相手をモンスター化」しない

前の項目では「嫌いな人」「苦手な人」とは物理的に距離を置く話をしました。

それができる人にとっては悪くないアプローチです。

しかし、前項を読みながら「それができれば苦労しないよ」と感じた人も多いのではないでしょうか。

そんな人におすすめしたいのは、まったく逆で「積極的にかかわっていく」というアプローチです。

「プライベートでお茶や食事に誘いましょう」とはいいませんが、仕事でかかわらなければならない相手だとしたら、**変に避けようとせず、どんどん話しかけたり、質問したりしていくのです。**モヤモヤしていることがあるなら、少しだけ勇気を出して「〇

○さんは、この件についてどう思っていらっしゃいますか」「○○さんは、私にどうしてほしいと考えていますか」とあえて積極的にかかわっていってみてください。

これだけ聞くと、なんとも大胆な荒療治だと感じるかもしれません。

しかし、実際にストレスを抱えている人たちの話を聞いていると、「苦手な人」「嫌いな人」とかかわっている時間は案外少なくて、自分の内側でモヤモヤ、イライラしていることがとても多いのです。

具体的な相手の言動以上に、自分の中でモンスター化させてしまっているということです。

**自分の中でつくり上げたモンスターは決していなくなりません。**それどころか妄想というエサを食べて、どんどん巨大化する一方です。

モンスターが大きくなればなるほど、あなたのストレスも増大します。

往々にして実際はそこまでモンスターではありません。性格が合わなかったり、気に入らない言動はするでしょうが、**相手もストレスを抱えまくっている哀しい人間です。**勇気を持って接近してみると、案外そんな「素の姿」が見えてくるものです。

Reset 67

# モヤモヤを話す相手は「物事を大きくしすぎない人」を選ぶ

本書で「イヤなこと」の対処法として「結論を出す」「それ以上考えない」を紹介しました。**もうひとつおすすめなのが「とにかく、すぐ人に話す」という方法。**

実際、私もこれは日々実践しています。「小林先生はモヤモヤしたりイライラしたりすることがあるんですか」と聞かれることがあるのですが、そんなことはしょっちゅうあります。患者さんのことで悩んだり、落ち込むことは頻繁にありますし、組織や人間関係の煩わしさにストレスを感じることもめずらしくありません。

そんなとき、私はすぐに誰かに話してしまいます。周囲のスタッフに「今日、こんなことがあったんだよね」とフランクかつフラットに話してしまうのです。

ここでのポイントは深刻にならず、明るく話すこと。

患者さんの話の場合、内容自体は深刻なものも少なくありません。しかし、ここで私が深刻になったところで事態が好転するわけではありません。あくまでも、リセットするために話すのですから、**フラットに、フランクに、明るく話すことが肝心。**

ここでも「モンスター化しない」は重要なキーワードです。

「話す相手」に関しても、できることなら「いつも平静で、気持ちが安定している人」そして「物事を大きくしすぎない人」が最適です。

**相談相手として「親身になってくれる人」「共感してくれる人」が最適だと思われがちですが、必ずしもそうではありません。**

親身になってくれるのは気持ちとしてはありがたいですが、深刻に受け止めて「それはたいへんですね」「本当につらいですね」と、まるで世界の重大事のように捉える人はおすすめできません。

むしろ落ち着いて、淡々と話を聴いてもらえると、感情的になっていた精神も安定してきますし、状況を客観的に見られるようになってきます。

そんな人こそ「話す相手」にはもってこいです。

Reset 68

# 「ここまでやる」を決めておく

ストレスの9割は人間関係ですが、もう少し掘り下げて考えると、**人間関係のストレスの多くは「継続する関係」で発生**します。

たとえば、職場にすごくウマの合わない人がいるとします。その人がいるだけでストレスいっぱいで、自律神経が乱れまくる存在です。

しかし、自分がこの職場を2週間後に辞めるとわかっていれば、そこまでストレスを感じません。「イヤな相手だけれど、あと少しの我慢だから」と思えるだけでストレスはぐっと軽減します。

反対に「このイヤな関係はいつまで続くのだろう」と終わりが見えないとき、ストレスレベルは半端なく上昇します。

そんな人間の感じ方を逆に利用するのが、ここで紹介する「ここまでやると決めてしまう」方法です。

たとえば、何をいっても心を開かない人に、丁寧にかかわり続けるのは本当に骨が折れます。ここで苦しいのは「丁寧なかかわり」をすることではなく「これをいつまで続ければいいのだろう」という徒労感。

そこで**「この人には3回だけは丁寧にかかわるけれど、それで心を開かなければ、それ以上はコミュニケーションをとらない」と決めてしまいます。**

あるいは、「この人の機嫌を一日一回はとってあげるけれど、それ以上は絶対やらない」と自分に約束してしまうのも一案です。

どんなにメールが届いても、9時～10時の間にしか返信しない。18時以降の連絡は明日に回す。そんな取り決めでもいいでしょう。

そうやって「ここまでやる」（それ以上はやらない）を決めてしまうと、自分に納得感が生まれます。それで相手が変わらなくても、そこまでストレスを感じずにすみます。過度に自律神経を乱さないコツです。

Reset 69

# 大事な人に感謝を伝える

人間関係を見直すというと、つい「距離をとること」に目が奪われがちですが、それればかりではありません。

私はコロナ禍によって多少の時間ができたとき、普段はなかなか連絡ができずにいたお世話になった人に手書きの手紙を書いていました。

私は常々「感謝は自律神経を整える」と話しています。考えてみれば当然の話で、**誰かに感謝しているとき、人はとても落ち着いた精神状態になっていますし**、心も体も穏やかです。日々、感謝の気持ちを大切にしている人は自律神経も整っているものです。

身近な人に感謝の気持ちを伝えることは、人間関係はもちろんコンディショニングの観点からもとてもおすすめです。

そして、さらに普段はあまり連絡できていない人に連絡してみたり、手紙を書いてみたりする。すべてをコロナ禍と関連づけるわけではありませんが、人間関係を見直すひとつのきっかけとしてもいいのではないでしょうか。

コロナ禍を通じて、私たちは「大切なことを大切にする」というとてもシンプルですが、基本的なことを学んだような気がします。**自分の時間を本当に大切なものに使う。大切な人を大切にする。**そんな「大切なことを大切にする」意識です。

私は医師として人が亡くなる場面にも多く遭遇しますが、そんな人たちが口にする後悔といえば「もっと、家族に感謝を伝えればよかった」「ご無沙汰していた恩師に連絡すればよかった」「面倒がらずに、帰省すればよかった」「懐かしいあの人に会いに行けばよかった」というものばかりです。「仕事で○○をやり残した」という話は、そういう場面では案外聞かないものです。

この機会にお世話になった人、大切な人に手紙を書いてみてはいかがでしょうか。手紙でなくても、せめて連絡してみることをおすすめします。

Reset 70

# 「感じのいい人」の特徴を言語化する

人との交流によって自律神経を整えようと思ったら、自分にとって「感じのいい人」とつき合うのが一番です。

「この人は感じがいいな」「いつも気持ちがいい応対をしてくれる」と思っているとき、自然とこちらの自律神経も整っているものです。**自律神経はそうやって伝播していくもの**なので、「感じのいい人」と触れる機会を増やすことは自分のコンディショニングにも役立ちます。

たとえば、毎朝テイクアウトのコーヒーを買う人もけっこういると思います。朝、感じよく応対してくれる店員さんがいて、ちょっとしたやりとりをするだけでも清々しい気持ちになって、いい気分で一日を始められる。そんな経験は誰にでもあるのではないでしょうか。

ここではさらに一歩進めて、あなたにとって「感じのいい人」とはどんな人かを考えてみてください。ちなみに、私にとっての感じがいい人は「謙虚な人」「悪口をいわない人」「常に明るく笑顔でいる人」です。そんな人と話していると、自然にこちらの自律神経も整ってきます。

自分にとっての「感じのいい人」を言語化すると、知らず知らずのうちに自分でも意識するようになってきます。「もっと謙虚になろう」とか「常に明るく笑顔でいたいな」と思うようになってくるのです。

そんなふうに意識する瞬間が増えれば、少しずつでも「自分が好む感じのいい人」に近づいていきます。人間ですから、そんなに簡単に変われるわけではありませんが、**意識するだけで少なくとも「イヤな自分」から離れることはできます。**

いつもなら何も気にせずにいるところでも、ちょっと意識をするだけで明るい笑顔で応対することができた。そんなシーンが増えていけば、自分の気持ちも明るく、前向きになってくることは間違いありません。

Reset 71

# 強い怒りが芽生えたらぜひやってほしい「2つの方法」

怒りがわき起こってきたら、どうするのか。

前著『整える習慣』では「とにかく黙る」と「怒らないと決める」という話をしました。たしかに「沈黙はとてもいい武器」です。腹が立つことがあったら、まずは黙る。これは鉄則ですし、とてもおすすめです。

そして、黙っているときには**「なんで自分が怒っているのか」を考えてみてください。**相手のどんな行為に腹を立てているのか、何が気に入らなくて、そんなにイライラしているのか。そんなことを考えてみてほしいのです。

すると、「結局、自分は自分のプライドを守りたいだけなんだな」とか「相手はずっと若いのに、こんなことで腹を立てるのも大人気ないか」などと思えてくるもの。

そうなってしまえば、もはや怒りの感情は収まっています。

そしてもうひとつ、私がよくやるのが**「ここで怒っていいか」を誰かに相談する**という方法。

これはなかなかユニークなアプローチで、腹が立つことがあったら、すぐにその相手に反応するのではなく、その怒りを別の誰かに話してみて「こんなことがあったんだけど、さすがに怒ってもいいと思う？」と聞いてしまうのです。

正直、この時点で怒りの半分以上が収まってしまっているのですが、誰かに相談すると「そんなの怒っても仕方がないから、ほうっておきなよ」とか「そんなヤツ、怒る価値もないよ」などの返事が返ってきて、これまた怒りが収まります。

逆に「それは怒っていいよ」「はっきり伝えたほうがいいよ」といわれたときも、怒りが生まれた瞬間から時間が経っているので、伝えるにしても、冷静かつ適切な伝え方が可能になります。

なんともおすすめの方法です。怒りが芽生えたら、ぜひ誰かに「怒っていいか」を相談してみてください。

Reset 72

# 苦痛を感じる「別世界の相手」とはつき合わない

この人たちとは「住む世界が違うな」と感じる瞬間が人生には何度か訪れます。

私はもともと埼玉の田舎出身で、お世辞にも洗練された環境で育ったわけではありません。豪華な食事会やパーティに招かれて「とても居心地がいい」と感じることはあまりありませんでした。状況の違いこそあれ、そんな「別世界の人」とのつき合いにストレスを感じている人も多いのではないでしょうか。

単純な対応策として、苦痛を感じるような「別世界の人」とはつき合わないに限ります。分不相応な場所へ行っても楽しむことはできませんし、挙動不審になるだけです。

余談になりますが、私は若い頃、パリの有名レストラン「トゥール・ダルジャン」

へ行ったことがあります。当時はお金もありませんから、夜のコースではなく、ランチのコース。ランチといってもフルコースですから、けっこうな値段です。

同世代の友人と2人で行ったのですが、慣れない場所で2人して思いっきり挙動不審になっていました。分厚いワインリストを渡されても「何を頼めばいいか」わかりませんし、トゥール・ダルジャンは鴨料理が有名なので、最初からそのつもりでやって来たのに、オーダーでは舞い上がって羊を頼んでしまいました。

すると、手慣れたギャルソンがテーブルに置いてあったバカラの鴨の置き物を指差して「これじゃなくていいのか?」といったので、慌ててオーダーを変更する始末。

今思い返してみれば、あのドタバタ珍道中も「いい経験」ですが、日常的に苦痛を感じるような「別世界の人」とのつき合いはやめたほうが賢明です。

たとえば何年後かに、自分もそれなりのキャリアを積み上げ、同じような世界を知るようになると、そういう人とのつき合いが(望むか、望まないかは別として)苦痛ではなくなっている自分に気づくでしょう。

**人とのつき合いとはそういうものです。**

Reset
73

# 「期待しない」と決めておく

あるとき、読者から「今、母の介護をしているのですが、何をしてあげても感謝の言葉もなく、当たり前のような顔をしています。ときには暴れたり、不満を爆発させたりするなど、肉体的にも精神的にもほとほと疲れてしまいます。そんなときどうしたらいいでしょうか」という質問が届いたことがあります。この方のように**「介護疲れ」に苦しんでいる人は本当に大勢います。**

物理的に介護の負担を減らすためにはさまざまなネットワークを含め、協力者の存在が必要だと思いますが、やはりここでは「できるだけ気持ちの負担がかからないようなアプローチ」を考えてみたいと思います。

私が常々いっているのは「期待しないと決める」ことです。

先に、「『期待』が自律神経を乱す」とお伝えしましたが、介護に限らず親子関係は特に「期待」がさまざまな影響を及ぼします。

この相談者もそうですが、日々たいへんな思いをして介護をしていれば、せめて「ありがとう」のひと言があってもいい。そう思うのは当然です。反対に「やってくれて当たり前」「ここが不満、ここが不十分」なんていわれたら、それこそ腹が立ってしまうでしょう。

ややドライな表現に感じられるかもしれませんが、自律神経の専門家からいわせてもらえば「期待しない」のが一番です。何をやったって感謝の言葉は返ってこないし、それどころか、不満ばかりを漏らすもの。だから、何も期待しない。

しかも、ただ「期待しない」のではなく「期待しないと決める」。イライラしたり、モヤモヤすることがあったときこそ「そうだ、私は期待しないと決めたんだ」と思い直して、深呼吸をしたり、音楽を聴くなどして気持ちをリセットする。

**「見返りがないこと」と「見返りがないことにイライラすること」は別の話です。**前者はどうにもなりませんが、後者は自分でコントロールできます。

Reset 74

# 「自分が後悔しないため」を考える

自分の親に対して、どこまで献身的に介護するのか。

これもまた非常にむずかしく、デリケートな問題です。私の患者さんたちにも親の介護をしている人は多く、同様の悩みや葛藤を耳にすることはよくあります。

親が認知症を発症して、自分のことが理解できていない。そんな状態で「いったい何のために介護をしているのか、わからなくなる」と語る人もたくさんいます。

じつは、私の父も長く介護をしていました。父は私の実の母が亡くなってから再婚し、その再婚相手の介護を近年までずっと続けていたのです。父自身も齢90を超え、まさに老老介護の状態です。その継母も2021年に亡くなりました。

こういう表現は適切ではないかもしれませんが、継母が亡くなったと伝えてきたとき、父の声はどこか清々しく、何か精いっぱいやり遂げ、感謝の意を込めて晴れやかでした。

自分の妻が亡くなることは以前から覚悟していたでしょうし、正直、介護が負担で、それが終わったことへの解放感もなかったといえば嘘になるでしょう。

実際、父は懸命に、献身的に介護をしていました。自分の年齢を考えれば、たいへんな日々を過ごしていたと思います。

そんな父の姿を見たり、実際にいろいろな患者さんの話を聞いていて私が思うのは「自分が後悔しないために介護する」、そんな視点もある意味では大事なのかなということです。

認知症で自分のことを理解できていない親に対して、なぜ世話をするのか。どこまで献身的に介護するのか。そんな問いに正解はありません。

もしその親が亡くなったとき**「もっと、こうしていればよかった」という後悔を少しでも減らすこと。**後悔を微塵も残さないのはむずかしいでしょうが、ときにはそんな自分視点で考えてみるのも、決して悪いことではないと私は思っています。

Reset 75

# すぐに「お礼の連絡」をする

じつにちょっとしたことですが、食事を一緒にしたりすると、その翌日には必ずお礼の連絡をしてくれる人がいます。「久しぶりにお会いできてうれしかったです」とか、「とてもおいしかったです」など本当にごくごく簡単なものですが、必ず連絡してくれる人です。早い人になると、帰りの移動中にメールやラインで連絡してくれる人もいます。

正直、以前の私はあまりそういうことに気をとめなかったですし、自分でもなかなかお礼の連絡をせずにいました。しかし、**最近は「こうしたちょっとしたコミュニケーションが大事だな」と特に思うようになりました。**

「そんなもの、たいしたことじゃない」といえば、たしかにその通りかもしれません。

しかし、お礼の連絡をもらうと正直「この人はしっかりした人だな」と思いますし、決まり文句だったとしても「会えてうれしかった」といわれれば、こちらの気分もよくなります。

たかがお礼ですが、されどお礼。もちろん、ごちそうした相手から感謝されたいわけでも、お礼をいわれたいわけでもありませんが、「何の連絡もない」と、人としてのあり方にちょっとしたモヤモヤを感じることはあるでしょう。

そんなモヤモヤをお互いに残さないためにも、簡単でいいのでお礼の連絡を入れておく。そこまでをパッケージにしておくと**「ああ楽しかった」「いい時間を過ごせたと気持ちを完結させることができます。**

これもひとつのリセット術だと私は捉えています。気持ちが完結しないと、どうしてもモヤモヤを引きずってしまうからです。

どうせ人とかかわるなら、会っている時間も、その後の時間も「心地よく過ごせる人」とつき合いたいものです。逆にいえば、モヤモヤが残る人とつき合い続けていると、いちいち気持ちが完結せず、ストレスがたまりやすくなってしまいます。

Reset 76

# 「曖昧な返事」はしない

人に何かを頼まれたり、誘われたりして「断らなければいけない場面」は誰にでもあるでしょう。

**「この仕事お願いできますか」と依頼されて、自分としては「断りたい」「断るしかない」と思っているとき、あなたはどんな返答をするでしょうか。**

いわゆる「いい人」であったり、できるだけ他者との衝突を避けたいと思っている人ほど曖昧な返事をする傾向があります。

たとえば、「ちょっと時間的に厳しいかもしれません」。そんな返答をする人も多いのではないでしょうか。自分では「時間的に厳しいので無理です」とのニュアンスを伝えたつもりですが、相手によってはまったく違う受け取り方をする人がいます。

「時間的に厳しいかもしれません」と伝えているのに、平気で「そんな状態のときにお願いしてしまってすみません」といった感じで、あたかも「依頼をＯＫした」かのように話を進めてしまう人もいます。

これで、結局仕事を引き受けることになってしまったら最悪ですし、そうならないためには、もっとはっきりと断りの意思を伝えなければなりません。

「曖昧な言い方をして申し訳ありませんでした。時間的に厳しいので、せっかくのご依頼をお引き受けすることができません」という感じで、あらためて断りを入れなければならなくなるのです。

**このやりとりは大きなストレスです。**

仕事でも、プライベートでも、つい曖昧な言い方で、微妙なニュアンスを伝えようとしてしまう人がいますが、結果としてストレスを増大させてしまう場面は多いはず。なかなかいいにくい性格の人もいるでしょうが、最終的にストレスを大きくしないために「曖昧な返事」は避ける。大事な意識のひとつです。

Reset 77

# 家族に隠し事をしない

私は家では妻に何でも話をします。もともと隠し事ができない性格なので、些細なことでも妻と話をすることが習慣になっています。それこそ飼っている犬がちょっと足を痛がっていたとか、そんなことまで話します。お互い医者をやっているという共通項もあるのですが、妻も比較的なんでも話します。むしろ、話さないことがストレスになるので、お互いが何でも話すようにしているのです。

特別に意識してそうした関係を築いてきたわけではないのですが、**家での生活がストレスにならず、自律神経を整えるように暮らせていることは非常に重要**です。

もちろん仕事内容によりますが、昼間は外に出かけていて、夕方から夜、家に帰ってくる生活パターンの方が多いでしょう。

つまり、家での時間は交感神経優位の状態から、ゆったりと副交感神経優位の状態になる「休息モード」に入るタイミング。

しかし、家庭での人間関係に問題があると、それだけで交感神経が刺激されて「休息モード」に入れません。すると、質のよい睡眠に入ることができず、結果として、翌日の自律神経も乱れるという負の連鎖になってしまいます。すると、感情のコントロールが利かなくなったり、なんとなく体調が優れなかったりして、さらに人間関係を悪化させてしまいます。

体のコンディショニングにとって家族との関係はとても重要です。

**一日の終わりに「今日の出来事や感じたこと」をゆったりと話すことで、その一日を上手にリセットすることができます。**多少イヤなことがあったとしても、それを話すことで気持ちに小さな区切りをつけることもできるでしょう。そうやって感情のしこりのようなものを解消できるのも、家族の対話のいいところです。

隠し事をしないで何でも話せる関係と習慣は、それだけで安心感を生み、リラックスできる最高の環境といえるのです。

Reset 78

# いわれたら「すぐに動く」と決めてしまう

以前、ある取材でこんな質問を受けました。

「家族との関係において、小林先生が特に意識していることはありますか」

私の答えは明白で「自分自身が機嫌悪くならないこと」。関係を良好に築くのにこれ以上の秘訣はないと思っています。

家庭に限らず、私は基本「怒らない」と決めているので、できるだけ機嫌の悪さを表に出さず、機嫌よくいることを心がけています。

もちろん、多少腹の立つことはあります。それは家庭でも外でも同じです。

でも、家庭では特に**「すぐに流す」と決めています。**そう意識しているだけで、怒ったことも、怒鳴ったことも一度もありません。

そんな話をすると、「反対に奥様が怒ることはないんですか」と聞かれるのですが、実際、妻が腹を立てて私に何かをいうことはあります。

たいていは「何か頼まれていたことをやっていなかった」など些細なことが多いのですが、私は「いわれたら、すぐに動く」とこれもまた決めています。どんなに疲れていようと、何かをやろうとした途中だったとしても、とにかくすぐに動く。それを自分のルールにしているのです。

このルールもじつにおすすめです。

多くの人は何かをいわれたとき、ついさまざまな思いを巡らせます。「なんで、自分がやらなきゃいけないの」「今じゃなくてもいいでしょ」「別に、そんなことしなくてもいいでしょ」などです。

しかし、私の場合はそんなことを考える余地なく「いわれたら、すぐに動く」と決めているのです。**決めているのだから、動く。それだけです。**

一見たいへんそうに見えて、すぐに動くのが一番楽です。ぜひ試してみてください。むしろ、家庭内のストレスは減ります。

第7章

# ストレスが消える「日々のリセット術」

Reset
79

# 生活の中で「自律神経を意識する瞬間」を増やす

第7章では日々のさまざまな場面において「ちょっと意識するだけ」でコンディションが整う考え方やノウハウをお伝えします。

大前提として、**自律神経は自分の意思で動かすことができません。**

こう表現すると「自分ではどうにもならないもの」のように感じますが、実際には「意識するだけで大きく変えられるもの」でもあります。

たとえば、多くの人が無意識に呼吸をしていますが、「深く呼吸をしよう」「1対2の呼吸をしよう」と意識すれば、それだけで自律神経は整ってきます。

自律神経といっても、日常の中で「どれだけ意識する瞬間を増やすか」によって大きく状態は変わってくるのです。

本書のテーマはリセットなので、この章では特に「リセットに役立つノウハウや考え方」を多く取り上げていきます。

たとえば、朝の散歩中や通勤時に音楽を聴いている人は多いでしょう。たいていは「その日の気分」で選曲していると思います。

しかし、そのときに「自律神経の状態をよくするための選曲をしよう」と意識できれば、効果は変わってきます。朝はリズム感がある音楽を聴いたほうが交感神経が高まり「活動モード」に入りやすいことは研究でも立証されています。

そんなちょっとした意識が生活の中でのリセットに役立つのです。

あるいは、食事をするときに「よく噛む」を意識する。

漫然と食事をするのではなく、よく噛むことを意識すれば、免疫力はアップしますし、食べることに集中できれば、マインドフルネスの効果もあります。

ウォーキングをするときも、気分が落ち込みそうなときも、あれこれ予定を考えるときも、とにかく**日常のあらゆる瞬間で「自律神経を意識する」ことができれば、その一つひとつがリセットとなり、コンディションは整ってきます。**

Reset 80

# 通勤中は「ひとつのテーマ」について考える

通勤時間が苦痛で、満員電車に揺られているだけでストレスを抱えてしまう。そんな人も多いと思います。実際、**朝の満員電車に乗っているだけで自律神経を乱し、コンディションが悪いまま仕事を始めている人はたくさんいます。**

自分なりにストレスを軽減する工夫をしていたり、リセットの方法を持っている人はいいのですが、なんとなく気分が優れないまま仕事を始めてしまうと、少なくとも午前中、下手をするとその日一日のコンディションが台無しになります。

通勤時の習慣としておすすめなのが、「テーマ」をひとつ決めて、それについて考え続ける方法です。

満員電車は肉体的に負担がかかっているのも事実ですが、それ以上に精神的なストレスがけっこうかかっています。「なんか、イヤだなあ」「不快だなあ」「なんで、この人はこんな邪魔なところに立っているんだろう」「大きなリュックを背負ったまま電車に乗るなんて非常識だ」といろんなことを心の中で思うことが、ストレスとなり自律神経を乱していることがよくあります。

そこで、意識を「ひとつのテーマ」に向けてしまうのです。

実際、私は「来週、○○をテーマとした講演会があるから、今日は○○について考えよう」などとテーマを決めて、それをずっと考えています。たとえば「免疫について」だとしたら、「免疫をどんな事例を用いて話したら、わかりやすくて、おもしろいか」をひたすら考えたり、スマホを使って情報を確認したりします。

すると、自然に意識が思考に向かうので、周囲で何が起こっていてもほとんど気になりません。

考えるテーマは仕事に関するものでも、社会情勢や気になるニュースでも何でも構いません。自分が興味を持って、比較的集中できるテーマなら何でもＯＫ。**意識がどこに向いているのか。そんなことひとつで体の状態は変わってくるものです。**

Reset 81

# 「駅までの道のり」を速めに歩く

長く続いたコロナ禍の影響もあって、**朝に交感神経が上がりにくい状態になっている人が増えています。**

以前に比べてリモートワークの比率が増え、どうしても一日の運動量が少なくなっているとか、リモートワークと出勤のミックスによって生活のリズムが崩れやすくなった人も少なくありません。

こうした環境で過ごしていると、夜の副交感神経優位から朝の交感神経優位の状態への切り替えがうまくいかなくなってきます。

そもそも自律神経は規則正しい生活によって、上手に切り替わっていくので「いい流れ」が崩れてくると、当然体にも影響が出てきます。

そんな人におすすめなのが、朝、駅まで向かう際、意識して早足で歩くことです。

リモートワークと出勤が混ざっている人に話を聞くと「出勤の日はなんとなくダルい」「かったるい」という人が大勢います。

すると、どうしても「かったるいなあ」とダラダラした心持ちのまま朝の準備をして、家を出ることになります。

ただでさえ交感神経のスイッチが入りにくい生活習慣になっているのに、ダラダラ駅まで歩いていたら、なおさらコンディションが整わず、その状態のまま仕事を始めることになります。そういうときこそ、ちょっと強めに朝のスイッチを入れることが必要です。

意識するのはリズムと姿勢。テンポよくリズミカルに足を踏み出すことと、背筋を伸ばすこと。背筋を伸ばすと気道が開いて、呼吸をするとき肺に入ってくる酸素の量が増えますし、**取り込んだ酸素の量が増えると末梢の血管が拡張し、体の隅々まで血流がよくなります。**血流がよくなれば、全身に栄養や酸素が行き渡りやすくなり、体の状態は自然によくなってきます。

Reset 82

# 3つのポイントで体の調子をチェックする

日々の生活の中でもっともよくないのは「悪い流れ」を続けてしまうことです。

ところが、生活は絶え間なく続いているので、**たいていの人は「悪い流れ」を意識しないまま過ごしてしまいます。**

そこで簡単に自分の調子をチェックすることが大切です。

**①よく眠れているか**

**②食欲はあるか**

**③お腹の調子はどうか**

毎朝この3点を意識的にチェックするだけでも、自分の「悪い流れ」に気づくことができますし、そこに「リセットのきっかけ」をつくることができます。

「あまりよく眠れていない」と感じるならば、少し体を動かす習慣を取り入れてみたり、寝る前にテレビやスマホを見ないようにする、入浴のタイミングや入り方を変えるなど、眠りの質をよくするアプローチを試してみてください。

「食欲があまりない」という場合には、そもそも食べすぎていないか、どんなものを食べているかなどの食習慣を見直すきっかけにもなります。

「お腹の調子」というのも便秘や下痢をしているのであれば、胃腸に負担をかけないように食べ方を意識するとか、発酵食品をとってみるなどのアプローチがあります。

いずれにしても、日々状態をチェックして「リセットのきっかけ」をつくることが重要です。**「悪い流れ」を放置するのではなく、リセットする意識を持っていれば体のコンディションは確実に整ってきます。**

不調が一週間以上続くようであれば、そこは迷わず医師に相談することをおすすめします。

Reset 83

# 朝は「リズム感のある曲」を聴く

音楽が自律神経を整えるのに効果的で、コンディショニングに役立つことはさまざまな研究で立証されています。

朝、交感神経を高めて「活動モード」に入っていくときには「リズム感のある曲」がおすすめです。**ハードロックなどを朝に聴いて、そのリズムに乗っていくのはいい方法**です。

朝の散歩や通勤中、特に駅までの移動時間などには少し早いリズムの曲を聴いていると自然に体のスイッチが入ってきます。

反対に、夜寝るときには「歌が入っていないゆっくりした曲」を聴くと自然に副交感神経が高まってきて「休息モード」に入っていきます。

**副交感神経は音楽を聴き始めるとすぐに上がり、音楽を聴き終えてから10分くらいでピークを迎えます。**質のよい睡眠をとるためには、副交感神経がピークになる頃に眠りに落ちるのが理想です。

静かなクラシック音楽やオルゴールの曲などを小さな音で流しながら寝るのもおすすめの方法です。

また、音楽をコンディショニングに使う場合「ランダムに聴く」のもいい方法です。最近はサブスクリプションで「J-POP」や「80年代ヒット曲」などジャンルを選んで、ランダムに曲が流れてくるプレイリストもたくさんあります。

こうしたランダムリストを聴いていると、**知らない曲を聴くことで新しい刺激を得られる**こともありますし、思わぬところで「想い出の曲」や「大好きなナンバー」が流れてテンションが上がることもあります。たまたま聴いていたラジオから大好きな曲が流れてきたような、そんな感覚です。

その瞬間、交感神経が上がり、気分はリフレッシュされるので、仕事の休憩中や移動時間などにはおすすめの方法です。

Reset 84

# 意識的に「ウキウキする予定」を入れる

先に触れたように、介護の問題は日本社会全体が抱える大きな課題のひとつです。私の父は90歳を超えた現在も元気に自分で生活できているのですが、多くの人にとって介護は避けられない問題です。

それにともなって「介護疲れ」を訴える人も増えています。介護を必要とする本人たちの問題も大切ですが、私が日々かかわっている人たちの中には50代、60代の「介護する世代」の方たちも多く「日々、疲れ切っている」「体もきついけれど、それ以上に精神的にしんどい」と語る人も少なくありません。

そうした人たちに話を聞いてみると、やはりコロナ禍の前と現在を比べると、旅行へ行ったり、レジャーをする機会は減っているといいます。すると生活の中で「介護ばかりしている」ような感覚になるそうです。

じつは**気分と自律神経は密接に関係**していて「ウキウキする予定」が入っていると、その当日はもちろん、そこへ向かう日々の生活での気分も変わってきます。

「今週の土曜日は友だちと温泉旅行へ行く」となれば、その週はなんとなく気分がいいでしょう。そういう気分で過ごしていると、自律神経の状態もよくなり、心身のコンディションも整ってきます。

そこでやってみてほしいのは、意識的に「ウキウキする予定を入れる」習慣です。旅行へは行けないとしても、「お気に入りのカフェへ行く」「友人とランチへ行く」「ショッピングへ行く」など何でもかまいません。

大事なのは、そうした予定を意識的に、定期的に入れていくことです。

漫然と日々を過ごしていると、どうしても心身ともに「悪い流れ」から抜け出せなくなってしまいますが、「ウキウキする予定」があれば確実にリセットできます。

**「未来を楽しみにすること」は心身のコンディショニングにおいてとても大事な要素なのです。**

Reset 85

# 終活は「安心して今を生きる」ためのリセット術

近年「終活」という言葉が生まれ、自分が死ぬときのことを考え、あれこれ整理する人も増えてきました。

それ自体、とてもいいことだと私は思っています。

決してネガティブな意味ではなく、自分が死んだとき、残された人に迷惑がかからないように整理がついていれば、それもひとつの安心材料になるからです。

誰にとっても死は恐ろしいものです。**経験したことがなく、未知のものはそれだけで恐怖を感じます。**

私は医者なので一般の人よりは人の生死を多く体験しています。「こういう状況になると人は生きられない」という知識や経験もあるので、より恐ろしさを感じるところもあります。

しかし純然たる事実として、人は必ず死を迎えます。そして、死んだらそれで終わりです。それだけはどんな人も平等です。これは自然の摂理であり、私たちが抗えるところではありません。だからこそ、死の恐怖を考えるのではなく、**そのときのための整理だけはしておいて、あとは今を生きればいい**のだと思います。

前著『整える習慣』でも「今が一番若い」と話したのですが、5年後の自分は必ず「今の自分」を羨ましいと思います。「あのときは若かった」「もっといろいろできたのに、どうしてやらなかったのだろう」と思うものです。

それは死ぬ直前まで同じなので、今できることを、ただやればいいのだと私は思います。

ただし、自分が死んだ後のことがあれこれ心配な状態では、今に集中して生きることができません。

そのための終活です。**終活とは「死に向かって生きるからやる」のではなく、今からの人生を集中して生きるための「究極のリセット術」**だと私は捉えています。

Reset 86

# 天気が悪い日は「注意のスイッチ」を入れる

病院で仕事をしていると「天気の悪い日に事故が起こりやすい」ことに気づきます。雨の日は滑りやすく、それだけ事故が起こりやすいのも事実ですが、それだけではありません。気圧の低い日は誰でも自律神経が乱れがちで、交感神経、副交感神経ともにダウンすることが研究でもわかっています。

ただでさえ雨が降っていると、なんとなく気分が落ち込んだり、イライラしたりしますし、感情のコントロール機能も低下しています。

そんな状況で満員電車に乗っていれば、トラブルも起こりやすくなりますし、思わぬ出来事に巻き込まれやすくもなります。

**「天気が悪い日は例外なく、みんなの自律神経が乱れがちになっている」**という認識を持ってください。自分自身もそうですし、周りにいる人もそうです。雨の日はそれだけで「悪い流れ」が始まっているので、よりリセットの意識が大事なのです。「注意のスイッチを入れる」と表現してもいいでしょう。

近年は気象病、気圧性頭痛などの言葉もよく聞かれるようになってきました。自律神経が乱れるので、頭痛、めまい、倦怠感、胃腸の調子が悪くなるなど、そうした症状が起こっても不思議はありません。

**対処法として、一番大事なのは睡眠です。**天気が悪く、体の調子が優れなかった日はできるだけ早く寝て、しっかり睡眠をとる。これが一番のリセットです。

予防の観点では、「明日は天気が悪い」とわかっている前日からしっかり睡眠をとることができれば、自律神経の乱れを最小限に抑えることができます。

コンディショニングの基本ですが、毎日同じように過ごすのではなく、天気の悪い日は悪い日なりに、体を冷やさないようにするとか、仕事で無理をしない。もし、可能なら気持ちの負担の大きい予定は入れないなどの調整をするといいでしょう。

そうやって意識的に丁寧に過ごしていれば、大きく乱れることはありません。

Reset 87

# 「朝食の価値」をあらためて見直す

私はこれまでさまざまな書籍や講演でも「朝食の大切さ」を繰り返し語ってきました。それも「時計遺伝子」のスイッチを入れる意味で、しっかり朝食を食べることを伝えてきました。

その重要性は変わらないのですが、やはり**年々研究が進み新しくわかってきたこともあります。**

近年の研究でとても大事になってきているのが「しっかり食べる」という部分。かつては、朝あまり食欲がない人はバナナとヨーグルトくらいは口にするくらいでいいといわれていました。私自身もそうしたメッセージを発してきたこともあります。

しかし、近年の研究では、もう少ししっかりとした食事をしなければ、時計遺伝子のスイッチが入らないといわれています。人間の体には37兆個の細胞があって、その中に時計遺伝子が入っています。簡単にいえば、体内時計のようなもので、朝「活動のスイッチ」が入ることによって交感神経が活発になり、体も心も活動モードに入っていきます。

そのスイッチを入れるために、いわゆる「旅館の朝ごはん」くらいの朝食をしっかり食べることが大切です。焼き魚と卵、大根おろし、納豆、味噌汁のようなメニューを食べるのが最適です。

それともうひとつ、食べる時間も重要で**時計遺伝子のスイッチを入れるためには、朝起きてから1時間半以内に食べることが必要**だといわれています。

朝型のビジネスパーソンの中には5時に起きて軽くコーヒーを飲んでから読書やちょっとした仕事をすませ、その後に朝食を食べる人もいますが、朝食を食べるまでの時間についても少し意識してください。

朝、活動するのはとてもおすすめですが、朝食は起きてから1時間半以内に食べる。ぜひとも習慣づけてほしいところです。

Reset
88

# 「よく噛む」を意識する

食事に気をつけている人は「何を、どれくらい、いつ食べるのか」を意識していると思います。それはとても大事ですが、それにもうひとつ「よく噛む意識」をプラスしてほしいところです。「よく噛んで食べる」なんて子どもの頃からいわれていることですが、意外と侮れません。

よく噛むことで唾液の分泌量が増えます。唾液の中には免疫でもとても重要な「ＩｇＡ抗体」という成分がたくさん含まれています。「ＩｇＡ抗体」は免疫のミサイルとも表現できるもので病原体やウイルスに対して攻撃する役割を果たしています。

**よく噛むことで「免疫のミサイル砲」をたくさんつくることができる**のですから、ぜひ意識してほしいところです。

またよく噛むことで「ＩｇＡ抗体」を増やすことは感染症予防としても効果が期待できるという研究もされています。

生活のリズムが崩れていたり、メンタル不調をきたしているときは、特に免疫力が下がっています。免疫力を復活させたり、疲労回復をする意味でも「よく噛んで食べる」。とても大事な意識です。

さらに、食事のとき「よく噛むこと」を意識していると、**食べることに集中していくのでマインドフルネスの効果**もあります。

テレビを見たり、何かを読みながらなどいわゆる「ながら食い」をしている人も多いと思いますが、よく噛むことを意識すると、自然と食べる行為に集中するようになります。

一日三食、毎日のことですから、**この習慣を続けるだけでも免疫力や自律神経の整い方は大きく変わってきます。**

Reset 89

# 寝る前に3分「呼吸の時間」をつくる

自律神経を整えるには呼吸が大事。

これも私が10年以上伝え続けていることです。

しかし、日常生活で呼吸を意識している人は案外少ないです。なぜなら、あまりにも自然に、当たり前に、無意識にやっていることなので、あらためて意識することができないのです。

よく私は「呼吸はタダだから」と講演などで話します。もし「一回呼吸をしたら100円です」といわれたら、それなりに意識して呼吸をするでしょう。漫然とやったら100円が無駄になってしまいます。

しかし、実際には呼吸はタダですし、無意識にしていることなので、なかなか意識できません。

私がおすすめしたいのは、寝る前に3分、呼吸だけをする時間を設ける方法です。日常生活で意識しようとしても無理なので、あえて「呼吸だけの時間」をつくるというアプローチです。

やり方は「1対2の呼吸」。**「4秒吸って、8秒吐く」など「吸う」と「吐く」が「1対2」になるように、深い呼吸を意識**してください。

こうして「深い呼吸」を意識的にする習慣をつけると、仕事の休み時間、ランチの後、何かイヤなことがあったときなどに、深い呼吸をするようになります。

体が「コンディションを整える方法」として覚えていって、日常のちょっとした瞬間に思い出すことができるようになるのです。

**忙しくしている人、感情のコントロールが利かない人、緊張している人、落ち込んでいる人を注意深く観察していると、まず間違いなく呼吸が浅くなっています。**

その瞬間に「ああ、呼吸が浅くなっている」「深呼吸をしよう」と思えたら、それだけで状態はリセットできるものです。

Reset 90

# 日記のハードルを下げる

私は常々、寝る前に今日一日を振り返ることをおすすめしています。具体的には、たとえば「3行で日記」を書いてみることなどを提案しています。

しかし、「3行日記」をテーマにした本を読んだ人でも、実際に日記を書き始めるのは1割にも満たないでしょう。さらに、継続している人となるとぐっとその割合は低下していきます。

そうした人たちに話を聞くと、「何を書けばいいのかわからない」「書くことがない日がある」「書くことがない日が続くと、なんとなくやらなくなってしまう」などの声が聞かれます。

この人たちに共通しているのは「内容のハードルが高い」こと。

私はよく今日一日を振り返って**「よかったこと」「よくなかったこと」をちょっとでいいので書き留めてみてください**といいます。

しかし、毎日書くとなると「特筆すべきよかったこと」「心から反省すべきよくなかったこと」などそうそうあるはずがありません。

私のいう「よかったこと」とは、「朝、早く起きることができた」でもいいですし、「会社へ向かう途中で、意識的にテンポよく歩いた」でも構いません。悪かったことも「今日は、身の回りのどこも片づけをしなかった」でも「あまり食物繊維をとらなかった」でも全然ＯＫです。

そんなレベルなら、絶対に書くことがあるでしょう。

とにかく、毎日ちょっとでもいいから書くことです。手帳でも、日記帳でもいいので、毎日の欄を埋めていってください。

毎日書いて、日々の欄を埋めていくと「振り返ること」が習慣になってきます。そして、それが**「小さなことを意識して生活すること」につながっていきます。**

ぜひハードルを思いっきり下げて、日記を書いてみてください。

Reset 91

# ウォーキングは「スピード」よりも「リズム」を意識する

散歩やウォーキングなど適度に体を動かす習慣はコンディションを整えるのにとても有効です。

このテーマについてお話しすると、「歩く速度」についてよく質問を受けます。

「毎朝散歩をしているんですが、何かしら考え事をしていることが多く、けっこうゆっくりになってしまいます。意識的に速く歩いたほうが健康にいいと聞くのですが、実際のところはどうなのでしょうか」

まず**コンディショニングという目的においては「自分のペース」で歩くことが大切です。**ここであえてコンディショニングといっているのは、ダイエットをするとか、トレーニングのために歩くのであれば、少しペースを上げて負荷をかけることも必要だからです。

ただし、あくまでも日々のコンディショニング、もっといえば自律神経を整えるのであれば「自分が心地よく歩けるペース」が最適です。

テキパキとした速いペースでも構いませんし、少しゆっくり目でもまったく問題ありません。

先に述べたように、意識してほしいのはスピードよりも、リズムです。一定のリズムでリズミカルに歩くこと。これが自律神経には一番いいです。そして、姿勢に気をつけること。猫背にならないように背筋を伸ばし、少し胸を張って歩く。そんな姿勢とリズムを意識していれば、十分に体の状態は整ってきます。

**私も毎朝散歩をしていますが、意識しているのは「姿勢」と「一定のスピード」だけです。**

何かを考えながら歩くのも悪くはありませんが、考えることに没頭して、リズムが意識されなくなるとせっかくのウォーキングも効果が薄れてしまうので、ぜひリズムと姿勢だけは気を配ってください。

Reset
92

# 闇が深ければ暁は近い

私が大好きな言葉に「闇深ければ、暁近し」という言葉があります。「暁」とは夜明けのこと。

人は本当に苦しいときほど「この状態が永遠に続くんじゃないか」と感じ、さらに絶望したくなるものです。私にもそう感じられた経験があります。

私はかつてロンドンの病院で外科医として働いていたことがあるのですが、**本当に日々がつらくて仕方がありませんでした。**肉体的にもひどくハードでしたし、精神的にもボロボロでした。

医師としての未熟さもちろんですが、海外での仕事のやり方がわからず「右も左もわからない」とはこのことかと実感しました。それでも命を預かる現場で働かなければなりません。

最初は言葉もたいしてわかりませんから、コミュニケーションもロクにとれませんでした。また、アジア人ということでの差別も感じていました。

当時、病院の寮に住んでいたのですが、毎日寮に帰ってくると「明日は絶対に病院へ行かないぞ！」と思っていました。

それでいて肉体は限界まで疲れていますから、ベッドに入るとそのまま一気に朝まで眠り、そのまま病院へ向かう。そんな毎日でした。

正直、こんな生活がいつまで続くのだろうと、途方にくれていました。

ちょうどそんな頃、寮の隣に住んでいたクリスという友人が教えてくれたのが「闇深ければ、暁近し」という言葉でした。

私は本当にその言葉に救われましたし、苦しいときには思い出して**「そうだ、この状況も長くは続かないんだ」「苦しければ苦しいほど、出口は近いんだ」**と思うようにしています。不思議なもので、そう思い直せるだけで、気持ちは少し軽くなり、自分の状態がリセットされるのを感じます。

第8章

# 疲れが消える「体のリセット術」

Reset 93

# 「免疫力アップ」には腸内環境が超重要

よく知られている通り、**免疫はウイルスや細菌から身体を守ってくれています。**

ウイルスや細菌にまったく触れない生活をすることは現実的に不可能なので、私たちは意識的に免疫力をアップさせることが必要です。

そもそも免疫とはどういうしくみになっているのでしょうか。

ごく簡単にいうと、免疫を担う「免疫細胞」が血流によって体中に運ばれ、有害なウイルスや細菌を発見するとそこで攻撃を加える。そんな構造になっています。

免疫力にとっても血流がいかに重要であるかがわかります。

**全身に広がる免疫細胞ですが、じつはその7割が腸にある**といわれています。それほど免疫と腸は密接な関係にあるのです。

本来、腸は消化器官ですが、ただ食べ物を消化しているだけでなく、口から入ったウイルスや細菌をいち早くキャッチ、対処する役割を担っています。そのために多くの免疫細胞が集まっているのです。

腸内環境をよくすれば、それだけ免疫力アップにつながるわけです。

腸には100兆個の腸内細菌が生息していて、大きく分けると「善玉菌」「悪玉菌」「日和見菌」の3つがあります。善玉菌は消化を助け、発がん性物質を無害化したり、腸の働きを活発にしてくれたりします。悪玉菌は腸内を腐らせたり、発がんを促進する物質をつくったりします。日和見菌は、その名の通り腸内の環境に応じて善玉菌にも、悪玉菌にもなるものです。

**腸内環境にとってベストなのは「善玉菌2：悪玉菌1：日和見菌7」の割合。**悪玉菌は善玉菌に適度な刺激を与える役割を担っているので、完全になくなることが理想ではありません。

こうしたバランスのいい腸内環境が実現すると、質のよいサラサラの血液もつくられますし、細胞が活性化して代謝も上がり、免疫力も向上します。

Reset 94

# 「発酵食品」「野菜」「きのこ」で腸内を整える

腸内環境を整えるには「何を食べるか」も非常に重要です。

日々の食事で特に意識して摂取してほしいのが「発酵食品」「野菜」（海藻を含む）「きのこ」です。

発酵食品は乳酸菌、ビフィズス菌、酵母菌、麹菌などいわゆる善玉菌が豊富に含まれています。腸内を整えたいなら、なんといっても発酵食品を継続的に食べること。

最近の研究では複数の発酵食品を摂取することが善玉菌を増やすのに有効とされています。発酵食品といえば、ヨーグルト、チーズ、納豆などをすぐに思い浮かべますが、ほかにも味噌、ぬか漬けなども発酵食品のひとつ。塩分のとりすぎには注意が必要ですが、さまざまな発酵食品を継続的に食べることで腸内の善玉菌を増やすことができます。

しかし、それだけでは十分とはいえません。

なぜなら、**善玉菌はそれだけでは生きていられず、エサが必要**なのです。**そのエサとなるのが食物繊維。**そのために野菜を食べることが大切なのです。

多くの野菜には食物繊維が含まれていますが、じつは食物繊維には水に溶けない「不溶性」と水に溶ける「水溶性」の2種類があります。

普通の野菜に含まれているのは不溶性の食物繊維ですが、きのこや海藻には水溶性の食物繊維が多く含まれています。このバランスを上手にとっていくことも非常に大切です。

まずは一日に20グラムの食物繊維をとる（野菜の量でいうと約350グラム）。

そして、その割合を「不溶性2：水溶性1」の割合にする。

ぜひ「さまざまな発酵食品」と「2種類の食物繊維」を摂取することを意識してみてください。腸内環境は必ずリセットされます。

Reset 95

# タッピングで心身をリラックスさせる

緊張状態や落ち込んでいるとき、副交感神経が低い状態にあります。緊張しているときは交感神経が高まっていますし、落ち込んでいるとき、気分がうつうつとしているときは交感神経、副交感神経がともに下がっています。

このようなとき「なんとか気持ちを落ち着けよう」「がんばって前向きになろう」と思ってもなかなかうまくいきません。

自律神経の専門家の立場からいわせてもらうと、ここで必要なのは副交感神経を高めて、血流をよくすること。これに尽きます。

そこでおすすめなのがタッピングです。

**タッピングとは「指先で身体の一部をトントンと叩く行為」。**

人差し指と中指、薬指の3本を使って頭からこめかみにかけてトントン、トントンと軽く叩いてみてください。

頭皮マッサージのようにグリグリ押すのではなく、軽く、リズミカルに叩くことがポイントです。

そんなふうに頭をタッピングしたら、続いて眉間や目の周り、鼻の下、顎という順番で顔の下のほうに移動していってください。

このタッピングをするだけで副交感神経が高まってきて、血流がよくなりますし、気持ちが穏やかになったり、前向きになったりします。

ここで大事なのは、ゆっくりと深呼吸をしながらすること。「1対2」の呼吸で「4吸って8吐く」など深い呼吸をしながらタッピングをやると効果的です。

緊張しているとき、不安なときは、その要因となることが頭の中に充満しているかもしれませんが、**タッピングのときはトントンというリズムに意識を集中**していってください。それによってマインドフルネスの効果も期待され、よりリラックスすることができます。

Reset 96

# 「睡眠の質に悩む人」におすすめの2つのアプローチ

自律神経を整えるのに睡眠は非常に大切です。質のよい睡眠によって副交感神経がしっかり高まっていると翌朝いい状態で目覚め、スムーズに日内変動へと入っていきます。逆説的な表現ですが、「コンディションのいい一日は睡眠から始まる」というわけです。

睡眠の質を考える上で「3時間前には食事を終わらせる」「寝る直前までスマホやテレビを見ない」「お風呂に入り、2時間前には終わらせておく」は基本中の基本。

ここではもう少し別の視点から「2つのポイント」を挙げていきます。

1つ目は**「頭から首にかけてのツボ押し」**です。

頭の頂点には「百会《ひゃくえ》」というツボがあるので、両手の中指でちょうど「気持ちいいなあ」と感じるくらいの強さで15回〜20回ほど押します。

次に、首の後ろ、生え際より少し上の辺りから下に向かって少しずつポイントをずらしながら首筋までゆっくり押していきます。ここには「天柱」「風池」「完骨」といったツボがあり、寝る前に押すことでリラックス効果が期待できます。蒸しタオルなどで頭や首を温めてから行うとより効果的です。

そしてもうひとつは**「正しい寝る姿勢をつくる」**です。質のよい睡眠には「姿勢」も大事で、首、腰、膝の「3つのアーチ」が正しく保たれていることが肝心です。

首の後ろや骨盤のあたりに丸めたタオルを入れて「正常なアーチ」を物理的につくってみてください。膝の後ろに関しても、タオルを挟んだほうがしっくりくる人は入れてみてください。

この姿勢のまま無理なく、心地よく眠れる人は眠ってしまっても構いません。このまま眠らなくても、寝る前にゴロンと横になって正しい姿勢で10分〜15分いるだけでも身体が正しい姿勢に保たれて、血流もよくなり、リラックスした状態で眠りにつくことができます。

Reset 97

# 「寝室の環境」を変えてみる

睡眠の質を高める上では環境を整えることも大切です。

快適な睡眠のための寝具、しめつけないリラックスした服装はいうまでもありませんが、ここでは**副交感神経を高めるために「光」「香り」「音」に着目してみましょう。**

まずは「光」。

現在、真っ暗な状態で眠れている人はそのままで構いません。「真っ暗では眠れない人」は電気をつけていてもいいのですが、明るすぎず、気にならない程度の間接照明がおすすめです。ただ、明るさを下げるだけでなく、間接照明にするのは大事なポイントです。できれば足下やベッドの下が最適です。足下がほんのりと明るいと、人は意外に安心できるものです。ホテルによくあるベッド下のライトはそんな効果も期待できます。

「香り」には自律神経を整える効果があることは研究でも実証されています。あまり強すぎない程度にアロマオイルなどを使うこともおすすめです。基本的には自分が好きな香りで構いませんが、眠りを誘う意味ではラベンダーや柑橘系の香りを選ぶといいでしょう。

最後は「音」です。オルゴールの音、波の音などをごく小さな音量で流しながら寝るのもリラックス効果があります。

こうした「寝るための環境づくり」を意識していると、それが習慣となって「その状況になったら、休息モード」と体が理解していきます。まさに**寝るためのルーティンとなる**わけです。

「ただ夜になったから寝る」ではなく「丁寧に眠りに入る準備を整えて寝る」。その丁寧なプロセスにより、体は上手に休息モードに入っていきます。

Reset 98

# 落ち込んだら廊下で「スキップ」

私はいつも**「メンタルの問題をメンタルで解決しようとしない」**と言い続けています。気分が落ち込んだとき、イライラするとき、モヤモヤしているとき、そうしたメンタルの問題を気持ちでなんとかしようとしてもほとんどうまくいきません。

そういうときこそ体へのアプローチです。

基本は動くこと。ここでおすすめするのはスキップです。

これはもう確実に効果があります。落ち込んだり、イライラしているときは外へ出て、スキップをしてみてください。職場の廊下でできる人は（人目はさすがに気になるでしょうが）、軽快にスキップしてみましょう。

**スキップをしながら落ち込んだり、イライラできる人はいません。**心と体はつながっていて、心が落ち込んでいると体の状態も悪くなりますが、反対に、体が元気よく、活動的な動きをしていれば、心もそれに引っ張られます。

実際には、自律神経が整って、血流がよくなり、脳が正常に機能し始め、感情や思考のコントロールができるようになってくるわけです。

それとまったく同じ構造なのが「ほほえみ」です。

「楽しいから笑うのではなく、笑うから楽しくなる」との言葉がありますが、自律神経の研究からいっても、これは事実です。

笑顔でいると副交感神経が上がり、気持ちがリラックスできたり、前向きになったりしていくことは立証されています。「心からの笑顔」でなくても、口角を引き上げるだけでも同等の効果があることはわかっています。

無理矢理でも、気持ちが入っていなくても、とにかく口角を上げて、ほほえんでください。**気持ちは後からついてきます。**

年齢を重ねるごとに「明るく、陽気になる人」と「気むずかしくなる人」がいますが、医師の立場から見て、健康を維持できるのは紛れもなく前者です。

Reset 99

# 「猫背をやめる」ただそれだけ

自律神経が乱れていたり、胃腸の働きが弱っていたりすると便秘になる人が大勢います。私がやっている便秘外来にも多くの患者さんが訪れるのですが、その人たちの多くに共通しているのが「猫背」です。

健康にとって猫背はいいことがありません。

**血流が悪くなりますし、内臓が圧迫されることで胃腸の働きがさらに悪化**します。

それだけでなく、猫背の場合は頭が前に傾いていて、常に首の筋肉に負担がかかっています。そもそも首は脳と胴体をつなぐ神経、血管が多く通っている場所なので、そこに負担がかかっている状態は体全体のコンディションを悪くします。

とにかく意識して猫背をやめる。これも重要なリセットです。

とはいえ、猫背は長年にわたって体が覚えてしまった形であり、習慣です。かなり意識しないことには、なかなかやめられないでしょう。

そこでシンプルにおすすめなのは、**「30分経ったら、一度立つ」を習慣にする**ことです。

オフィスで仕事をしているときも、30分経過したら一度立つ。

家でテレビを見ていても、読書をしていても、何をしていても30分経ったら、一度立ち上がってください。

これが猫背を意識するスイッチです。

そのときできれば「肋骨ゴシゴシ体操」を追加してみてください。やり方は簡単で、両手を軽く握って、手のひら側で肋骨を左右にゴシゴシ擦るだけです。

背筋を伸ばし、正面を向いて、大きくゴシゴシすれば、それだけで背中は伸びますし、肩甲骨も動き、肋骨が刺激されたことによって内臓の働きも活発になってきます。

とにかく猫背をやめてみる。今すぐできる、簡単、おすすめのリセット術です。

Pick up!

# リセットを応援する22の言葉

1　リセットの基本的な考え方は
「悪い流れを断ち切り、いい流れに変える」こと。

2　自分が決めた「小さなプラスワン」を一日にひとつでもできたら、
その瞬間に自律神経は整い、リセットできます。

3　一週間のうち一日を「リセットデー」と決める。
これもおすすめの習慣のひとつです。

4
部屋の雰囲気が劇的に変われば、
その瞬間から気分ははっきりと入れ替わります。

5
ちょっと面倒でも「行動するほう」を選べば
必ずいい気分になりますし、小さな達成感が得られます。

6
あと10年しか生きられないと知ったのならば、そこからスタート。
それが2年でも、3カ月でも同じです。

7
大事なのは「自分らしい軸」を持つこと。
「私はこうする」と決めてあれば、自分に対するモヤモヤは減少します。

8
「上手に孤独になる」という発想も大切だと私は考えています。

9
別に「心の器」の大きな人になる必要はありません。
自分の「心の器」の大きさを理解しておくことが何より大切です。

10
「とりあえず、こうする！」と
自分の中でいったん結論を出してしまう。
一度結論を出したら、それ以上は考えない。

11
リセットが上手な人は過去に囚われません。

12
ミスをしたとき大事なのは「流れを見直すこと」。

13
常にいいパフォーマンスを発揮するために、
私は「迷ったら、傘と上着は持っていく」と決めています。

14
「嫌いな人」「苦手な人」とはできる限り、タッチする時間を減らす。
逆に、積極的にかかわっていく。
2つの異なるアプローチがあります。

15
この機会に、お世話になった人、
大切な人に手紙を書いてみてはいかがでしょうか。

16
私が常々いっているのは「期待しないと決める」ことです。

17
たかがお礼ですが、されどお礼。

18
雨の日はそれだけで「悪い流れ」が始まっているので、
よりリセットの意識が大事です。

19 私がおすすめしたいのは、寝る前に3分、呼吸だけをする時間を設けることです。

20 一定のリズムでリズミカルに歩く。これが自律神経には一番いいことです。

21 「寝るための環境づくり」を意識していると、それが習慣となって「その状況になったら、休息モード」と体が理解していきます。

22 終活とは今からの人生を集中して生きるための「究極のリセット術」。

## おわりに

最後までお読みいただき、ありがとうございます。

近年、私は「医者として本を書く意味」をよく考えます。

ひと言で医者といっても、その活動や医療行為の対象はじつにさまざまです。

目の前の患者さんを一人ひとり診て、ケガや病気から健康状態に近づけていくのも大事な医療行為ですし、薬や治療法、人体の構造や病気のしくみを研究、解析し、未来の10万人、100万人を救うのも紛れもなく医療です。

一方で、ここ10年ほど私が力を入れているのは講演や本を出版することで、多くの人の健康意識を啓発したり、健康に関する知識やノウハウをお伝えすることです。

本が多くの人の手に渡ったり、私が出演するテレビを観たり、ラジオを聴いたりすることで、「先生のおかげで自律神経が整いました」「長年苦しんでいた不調が軽くなりました」「気持ちも含め前向きになりました」などの連絡をくださる方がいます。

正直、この活動を始めた当初は「これが医療だろうか」と迷い、葛藤することもありました。しかし、そうやっていろいろな意味で元気に、前向きになっている方たちの存在を知り、これも医療行為なのだと自分なりの「軸を持つこと」ができるようになってきました。

私が最初の本を出版した十数年前、「自律神経」という言葉すらあまり知られていませんでした。交感神経や副交感神経を理解する人などほとんどいませんでしたし、メディアでそんな言葉が取り上げられる機会も皆無といっていいほどでした。

しかし、今は違います。

**多くの方が自律神経について知るようになり、自身の健康やコンディショニングに役立てるようになっています。**

もちろん私ひとりの功績であるわけがありませんが、これまでやってきたことが小さなひとつの実を結んでいるかもしれないと自負しています。

今回のテーマは「リセット」です。

題材としているのは、やはり「自律神経を整えること」が中心ですが、その知見を十分に活かしながら、「今この瞬間から人生をリセットする」ことを念頭に置いて書いてきました。

本文中でも紹介しましたが、私の大好きな言葉に「闇深ければ、暁近し」というものがあります。つらく苦しい時期であればあるほど、希望が見えてくる瞬間は近い。

そんな意味合いの言葉です。

本書を「どんな人に読んでもらいたいか」と聞かれれば、もちろん「多くの人に読んでもらいたい」と答えるわけですが、「とりわけ、どんな人か」とさらに問われれば**「何かに苦しみ、希望が見えづらくなっている人」**だと答えます。

今、まさに健康に不安を感じている人もいるかもしれませんし、仕事や人間関係、家族の問題などでつらい思いをしている人もいるでしょう。

しかし、どんな人でも今から人生をリセットすることができます。

今は苦しくても「明るい希望」はすぐそこまで来ています。**あなたが心身をリセットして、前向きな気持ちで顔を上げれば、すぐそこに光は見えているのです。**

そんなリセットのきっかけに本書がなってくれたとしたら、こんなに喜ばしいことはありません。

本書を執筆するにあたり、多くの方にお世話になりました。ここであらためてお礼を申し上げます。

小林弘幸

本書は書き下ろしです。

日経ビジネス人文庫

リセットの習慣《しゅうかん》

2022年8月1日 第1刷発行
2024年9月3日 第14刷

著者
小林弘幸
こばやし・ひろゆき

発行者
中川ヒロミ

発行
株式会社日経BP
日本経済新聞出版

発売
株式会社日経BPマーケティング
〒105-8308 東京都港区虎ノ門4-3-12

ブックデザイン
井上新八

本文DTP
ホリウチミホ（nixinc）

印刷・製本
中央精版印刷


Printed in Japan ISBN978-4-296-11368-2